JN114168

すべての未来は あそびからはじまる。

(著)ミズノ株式会社

(監修)国立大学法人 山梨大学 学長 中村和彦

青春出版社

「あそび」を体験した子は体を動かすことが好きになり、
友だちと協力する力を身につけていきます。
スポーツのミズノが手がける「運動あそび」を体験した
子どもたちの、輝く笑顔をお見せします。

ミズノの
プログラムを体験してみよう

ミズノが開発したオリジナルの「運動あそび」プログラムは、36の基本動作が流れの中で自然に身についていく構成になっています。

ミズノの運動あそびのポイント

全身をバランスよく使うことができる

いろいろなスポーツにチャレンジする土台になる

さまざまな動きを経験できるから、飽きない

1

プログラムがはじまる前から、道具を使ってあそんでOK。自由な発想であそびが生まれます。

2

人差し指で「ツンツン」と風船を浮かせて歩きます。風船が落ちないように気をつけて！

3

今度は大きなラケットで風船を運んでみよう！

バドミントンのシャトルが出てきたよ！　頭の上に乗せて、落とさず歩けるかな？

4

5

バドミントンのラケットで風船運びにチャレンジ。さっきより難しくなったかな？

6

ビニールひもがネット代わり。チームにわかれて、風船バドミントンの試合！

7

プログラムが終わったら、今日のふりかえりをして、書き出していこう。

「運動あそび」では こんな力も育てます

体力づくりやスポーツの能力を育てるだけではありません。ココロを健やかに、考える力も自然に身につけていくことができます。

話し合う

子どもたちだけで「どうやったらうまくいくかな？」と話し合う時間があります。

協力する

一人ではできないことも、友だちと力をあわせたらできることに気づきます。

考える

ふりかえりをしたり、チャレンジすることで、もっとうまくなる方法を考えます。

片づける

プログラム最後には、自分たちが使った道具やユニフォームを片づけます。

「36の基本動作」

BALANCE 体のバランスをとる動き 平衡系動作

MOVE 体を移動する動き 移動系動作

ミズノの運動あそびプログラムでは、この36の基本動作が自然に連続して行えるように考えられています。特定のスポーツだけだと、基本動作の種類が偏ってしまう可能性があります。

子どものうちに身につけたい

CONTROL 用具を操作する動き・力試しの動き 操作系動作

もつ　ささえる　はこぶ　おす　おさえる

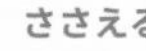

こぐ　つかむ　あてる　とる　わたす

つむ　ほる　ふる　なげる　うつ

ける　ひく　たおす

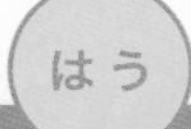

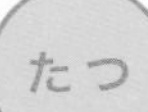
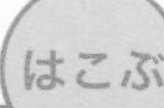

はう　くぐる　たつ　はこぶ

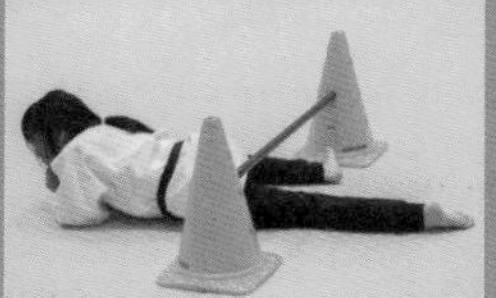

プレイリーダーが「あそび」をサポート

プレイリーダーとは？

プレイリーダーとは？

- 36の基本動作をいっしょにバランスよくあそぶ
- 子どもたちにコミュニケーションを促す
- 安全に気をつけて、プログラムを進める

ミズノオリジナルの運動グッズ

ミズノの運動あそび用具は、基本的な運動能力を高められるように開発されました。あそびながら基本動作を習得することができます。

柔道編

倒しちゃうよ〜！

子どもたちに座ってもらって、プレイリーダーが子どもたちを倒そうと巡回していきます。倒れないようにするにはどこに力を入れたらいいかな？

ひっくり返すぞ〜！

今度はうつ伏せになった子どもたちをひっくり返そうと、プレイリーダーがやってきます。

今度はぼくたちの番だ！

攻守交替です。うつ伏せになったプレイリーダーを、子どもたちがなんとかひっくり返そうとがんばります。力をあわせてがんばれ！

柔道着

本格的なスポーツ用品、用具に触れる機会をもうけています。

エアロケット

体を大きく使って、なげる動作を習得できます。

マルチハードル

パーツの組み合わせで、はしる、とぶ、くぐる、はうなどの動作を体験できます。

ダーの約束

手取り足取り教えません

大人が体の動かし方や、ボールを遠くへ投げる方法などは教えません。
子どもが自分で課題に気づき、改善していく気持ちが生まれることをサポートします。

約束
2

優劣をつけません

ほかの子と比較したり、できないことを怒ったりはしません。
よかったところを見つけて言葉にして伝えていきます。

プレイリーダーは
あえて教えません

ミズノプレイリー

約束
3

笛を吹きません

大人が統制をとって子どもたちを従わせる象徴が笛での命令です。
語りかける言葉や声の抑揚を工夫することで、子どもたちは、耳をかたむけます。

約束
4

並ばせません

話を聞いてもらうために、整然と並んでいる時間は、子どもたちは体を動かせていません。
わーっと集まってもらって、話を聞いたら、すぐに実践へ！

子どもたちは
プレイリーダーが
大好きです

あそびの必要条件3つの間

たっぷりあそべる時間、一緒にあそべる多くの仲間、自由にあそべる空間。これらは、子どもたちがあそびにのめり込むために必要な「３つの間」です。

大切なことは、
36の基本動作を総合的に
体験すること

36

テニス

野球

バレー

サッカー

卓球

柔道

ヘキサスロン

タグラグビー

バスケット

バドミントン

基本
動作

どんなスポーツでも、36の基本動作の組み合わせ。ミズノオリジナルの「運動あそび」プログラムを体験することで、将来スポーツにチャレンジしたときに、複雑な動きもしっかりできるようになります。

子どもたちの笑顔が
楽しさ・成長の証です

対決とか
つかれるけど、
楽しかった

いろんな
友だちと
楽しくできた

走り回ったのが
楽しかった

楽しかった
いろんなことが
できて

柔道、服が
かっこよかった

ミズノの運動あそびをやってみてどうだった？子どもたちの声

いちばん
楽しかったのはバスケ。
シュートがとくに
楽しかった

ごはんを多く
食べられるように
なった

知らない友だちと
出会えた。
もっと出会いたい

お母さんに、
ミズノ休んでいいと
いわれたけど、
休みたくなかった

ミズノが手がける
キッズ運動あそびプログラム

Mizuno PlayLeader

Mizuno　PlayLeader

子どもの好奇心を引き出す運動あそびのプロ。
育成や指導も担っています。

ヘキサスロン

運動が苦手な子どもでも遊びながら、はしる、とぶ、なげるなど、ミズノオリジナルグッズを使って36の基本動作を身につけられるプログラムです。

ミズノ流忍者学校

忍者になりきって5つの巻からなるミズノオリジナルの忍者修行を通して、楽しみながら36の基本動作を身につけます。

PLAY CIRCUS

ロンドンで一番古くて人気のサーカスに招待された！ 親子でスカーフを使ったあそびや、寝ているピエロを起こさないようにそーっと移動。サーカス団に扮して、物語の続きをつくろう！

親子de 運動あそび

お父さん、お母さんと一緒に思いっきり体を動かそう！ カラダじゃんけん、動物歩き、みんなで脱出ゲームなど、特別な用具を使わずにさまざまな動きとあそびをとりいれて親子で楽しめるプログラムです。

撮影協力　　MISPO！ 参加の子どもたち
MISPO！ メインコーチ、学生サブコーチ

◆はじめに◆

子どもの笑顔が見たい、元気になってほしい。それを実現できるのが「運動あそび」です

突然ですが、質問です。

いまの子どもたちの体力・運動能力が、お父さんやお母さんが小さかったころより、ぐーんと落ちていること、ご存じですか？

どれくらいの差があるか、体力測定のデータを比較して見ると、びっくりすることでしょう。１９８５年をピークに、現在に至るまで急激に低下してきているのです。

たとえば、ボール投げの平均は、男児で34メートル、女児で20・5メートルでした（１９８５年）。それが、現代の測定結果は、男児の平均が20・6メートル、女児が13・3メートル！　かなり低下していることがわかります。

私たち大人が子どもだったころは、外で暗くなるまで「あそび」にのめり込み、くたくたになって家に帰り、ごはんをお腹いっぱい食べ、ぐっすり眠っていました。とこ

ろが最近は、公園に「ボールあそびをしてはいけません」などの看板が掲示され、自由にあそべなくなってしまいました。交通事故の心配や騒音の苦情などもあって、道路や路地裏であそぶこともほとんどなくなっているのが、いまの子どもたちです。

これでは、体力が低下していくのは当然ですよね。

子どもたちが、体力・運動能力に多くの問題を抱えているためか、

「運動神経がいい子になってほしい」

「もっと速く走れるようになってほしい」

と、学習面とならんで運動面においても、お父さんやお母さんは、お子さんにたくさんの期待をかけていらっしゃいます。

そのお気持ち、私たちミズノもよくわかっております。

ですからミズノも、このような状況に変化を起こし、子どもたちが自由に思いっきりあそべる場をつくりたい、そして子どもたちがもっともっと元気に成長できるためのサポートがしたいと、２０１２年から、健やかな子どもを育む【運動あそびプログ

ラム】を、会社一丸となって開発・運営してきたのです。
そのお話を、やっとみなさまにお伝えできるまでになりました！

ミズノは、1906年創業以来、スポーツの力で世界中の人々を幸せにすることに貢献するため、さまざまな製品やサービスをつくってきました。

近年、課題とされている子どもの体力・運動能力の低下などに目を向け、私たちは「スポーツでたくさんの子どもを育む」という大きなテーマを掲げ、取り組んでいます。私たちは、スポーツには人を成長させる力があることを知っています。

スポーツは健やかな体をつくるだけでなく、子どもたちが自分で考えて表現することや、人を思いやり助け合う心を育ててくれます。

幼いころから楽しく体を動かす歓びを伝え、スポーツをする人を増やしていくこと。そして、人生で大切なことをスポーツから学ぶような、そんな世界をつくりたい。子どもたちの心と体の発育・発達に、ミズノは常にテクノロジーで貢献していきたいと強く考えています。

そんなミズノが手掛ける【運動あそびプログラム】では、運動あそび用具の開発と、用具を用いた運動あそびプログラムを考え、これまで各地で運営してきました。たとえば、運動あそびの動きのコンテンツを忍者の術になぞらえて、その術を修行する、「ミズノ流忍者学校」は人気プログラムの一つです。忍者ごっこをしながら、自然といろいろな動きができるというわけです。

また、幼児と保護者が一緒に楽しむ「親子de運動あそび」は、用具を使わなくても行えるように、コンテンツを工夫しています。２０２３年4月からは、多種目スポーツ体験プログラム、「ＭＩＳＰＯ！」をスタートさせました。

これは、１００年以上スポーツに向き合ってきた総合スポーツメーカー、ミズノの経験があるからこそ、できたもの。

「sport」（スポーツ）の語源はラテン語の「deportare」（デポルターレ）で、「運び去る」という意味です。転じて「日常から離れる」、すなわち「気晴らし」や「あそび」という意味もあります。

子どもと運動の出会いの〝はじめの一歩〟は「あそび」です。「あそび」を通じて生まれてくる体を動かすことの楽しさ、その実感こそがスポーツの原点です。子どもたちの目が輝くその瞬間を、ミズノは100年以上見てきたのです。

「あそび」は、たとえば、鬼ごっこの次はかくれんぼ、その次は公園でブランコに乗る、というようにどんどん移り変わっていきます。おのずと体のいろいろな部分を動かすことになり、多様な動作が身につきます。意識せずとも全身運動になり、運動量を確保できるのが「あそび」の非常にいい点といえます。

また、人数によってあそび方を変えたり、対話しながら特別ルールを設定したりといったアレンジを通じて、子どもたちのコミュニケーション能力が高まることも「あそび」のいいところです。「あそび」は、健やかにたくましく生きる力を育むために、子どもにとって必要不可欠なものなのです。

本書では、いまの子どもたちが抱える課題を明らかにし、子どもたちの「生きる力」

を育む運動あそびについて、わかりやすくお話ししていきます。

そして、本書最後の章（第4章）では、おうちにあるものを使って親子でできる運動あそびを、豊富なイラストとともにご紹介します。保護者のみなさんもお子さんと一緒に、体を動かすおもしろさを体験してみてください。

ミズノは運動あそびを通じて、子どもたちが楽しみながら心身両面で成長し、ご家族全員が笑顔になれる毎日を応援していきます。

さあ、一緒に体と心を動かしていきましょう！

ミズノ株式会社　グローバル研究開発部
主席研究員　上向井千佳子

◆監修のことば◆

「生きる力」を育むミズノの運動あそび

国立大学法人　山梨大学学長・中村和彦

子どもたちにとって、３歳から小学校低学年までは、心と体の発達の基礎づくりをする、とても大切な時期です。運動の発達段階でいうと、「はしる」「とぶ」「なげる」といった基本的な動きがひと通りできるようになり、だんだん多様な動きを身につけ、自分の体をうまくコントロールできるようになっていくころです。

文部科学省では、幼児期の子どもに関わる保育者や保護者に向けて「幼児期運動指針」を定めており、３歳から６歳の小学校就学前の幼児について「様々な遊びを中心に、毎日合計60分以上、楽しく体を動かすことが大切」としています。

同じく文部科学省による「学習指導要領」では、小学校の体育においても、１～２年生は、発達段階に見合った動きによる、あそびの要素を取り入れて、楽しく体を動かす「運動あそび」を行うことが定められています。

大切なポイントは、この時期の子どもたちにとっての運動は、楽しく体を動かす「あそび」が中心であることです。思いっきり体を動かしてあそぶことで、学びに向かうための「認知的な発達」、コミュニケーションの基盤となる「情緒や社会性の発達」、動作の習得など「体力・運動能力の発達」が促進され、さらにこれらの発達によって、子どもたちにとって非常に大切な「生きる力」が育まれます。

「生きる力」とは、学力、コミュニケーション能力、体力をさし、どれも単独ではなく、相互に関連し合いながら発達していくことがわかっています。「運動あそび」は、身体的な面だけではなく、学習面、精神面や情緒面を含めた力を一緒に高めていくのです。

私は2013年からミズノ株式会社と共同で、子どもが夢中になってあそびにのめり込むことができる環境づくりに取り組んできました。

ミズノの運動あそびのキーワードは、「おもしろく」「心地よく」「自ら」です。子どもにとって、何かを楽しく長く続けるために必要なのは、気づかぬうちに熱中し、ずっとやっていたい、またやってみたい、と自分から思う気持ちです。

ミズノの運動あそびプログラムには、子どもたちが夢中になるコンテンツが多様に盛り込まれ、あそびながら子どもの運動能力が向上していきます。発達段階に応じた動作の習得と運動量の増大によって、食・睡眠・排泄（はいせつ）といった生活習慣も改善され、強い体と心が育つように設計されています。

子どもにとって「あそび」は、生きていく力を身につける学びです。

幼少期に、「この能力を身につけさせよう」と親御さんが思う必要はありません。

また、「うちの子にはこれができない」とあせる必要もありません。

それよりも、熱中して運動あそびができる体験をさせることが、お子さんがこれからの人生を生き抜く大きな力となります。

子どもたちが夢中になって運動あそびにのめり込む時間、空間、仲間を整えてあげることが大人の責務であり、それを叶えるのがミズノの運動あそびなのです。

『すべての未来は あそびからはじまる。』contents

第1章

子どもの能力を目覚めさせる「運動あそび」とは 037

第2章 子どもとあそぶとき、親が知っておきたいこと 065

第3章

「基本動作」がなぜ、子どもの「生きる力」を伸ばすのか

第4章

子どもと一緒にこんなあそびをやってみよう！

141

編集総括◆佐藤夏樹・上向井千佳子（ミズノ株式会社）

編集協力◆会田次子

写真撮影◆宗廣暁美

イラスト（4章の動き説明）◆カガワカオリ

カバー・本文デザイン・DTP◆田中彩里

第1章

子どもの能力を目覚めさせる「運動あそび」とは

野球、サッカー、水泳……人気スポーツでも、動きの数には限界がある

「幼稚園にもすっかり慣れたし、何かスポーツをさせよう。スイミングはどうかな」

「小学校入学を機に近所のお友だちが野球をやり始めたから、息子も通わせたい」

多くのお父さん、お母さん方が、お子さんにスポーツ系の習い事をさせたいと考えます。体を動かす機会をつくって「わが子に元気な毎日を送ってほしい」と願うのは、子を思う親にとって自然なこと。こうして、野球やサッカーなどのスポーツ少年団やスイミングクラブなどでスポーツを経験する子どもたちがたくさんいます。


では、子どもの運動については何らかのスポーツの習い事をさせていれば充分なのでしょうか？　いいえ、そうではありません。**一つのスポーツで経験する体の動きは意外に少ないことが多くの研究でわかっているからです。**体をどれだけ動かしているかを見ると、どのスポーツもその種目に含まれる「限られた動き」しかできていません。

たとえば野球をするときの動作の種類は、「なげる」以外にどんな動きがあると思いますか？　多く見られる動作は、「とる」、「うつ」、「はしる」ですね。あとはスライディングのように「すべる」動作、頻度は少ないかもしれませんが「あるく」、「とぶ」などもあります。これで7種類です。サッカーも、主に「ける」、「はしる」、「なげる」、「すべる」、「とぶ」、「あるく」、「たつ」などで7種類です。その他のスポーツでも動きは同様で、一つのスポーツで経験できる動きの種類はおよそ7〜10種類程度ということがわかっています。加えて、子どもたちの日常生活やあそびの中で出現する動きには偏り（かたよ）があり、種類も少ないという研究結果が出ています。（出典：「幼児における基本的な動きの種類と出現頻度について」真砂雄一…「MISPO!のベネフィット」より）

多様な動作を経験しなければ、バランスのいい充分な発育・発達はかないません。普段しないような非日常の動きもたくさん経験することは、子どもたちの健やかな成長にとってとても重要です。

幼少期には、一つのスポーツだけを行うのではなく、複数の運動を日常的に行い、全身をまんべんなく使いながら体を動かすことが求められているのです。

顔面にケガをする子どもたちが増えている

子どもが育つ過程でケガはつきものです。ヒジやヒザのちょっとしたすり傷、切り傷程度なら、ご家族もさほど心配しないかもしれません。

しかし、「つまずいたときに手が出ず、額（ひたい）や鼻にケガをした」「飛んできたボールをよけられず眼球を損傷した」といったケースが最近増えているといったら、どうでしょうか。

日本スポーツ振興センターの調査によると、１９７８年から２００８年までの30年間で、**子どもの顔のケガは約1・7倍**、頭のケガは約1・2倍に増えています。

左の図は同センターが２０１８年に調査した、幼稚園、認定こども園、保育所等に通う子どもの部位別負傷率ですが、いずれも「顔部」が突出して多く、「頭部」と合計するとケガ全体の半数を超えることがわかります。

子どもがケガをするのは、頭部か顔!?

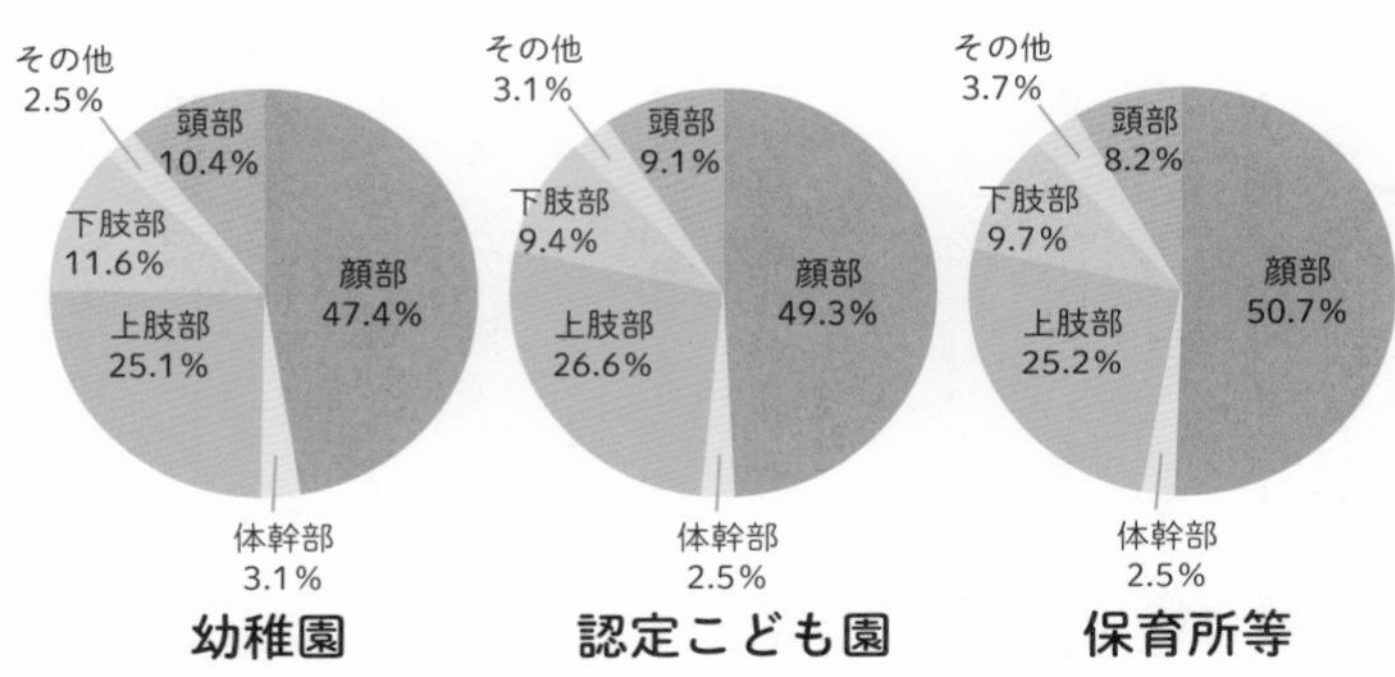

出典：「第二編　基本統計（負傷・疾病の概況と帳票）」（日本スポーツ振興センター）より作成

なぜこのようなことになってしまうのでしょうか。それは体を使ったあそびをする機会がどんどん減っていることが大きな原因です。

近所の空き地にいろいろな年齢の子どもたちが集まり、駆けまわってあそぶ、学校から帰ってきた子どもが路地裏で暗くなるまであそぶ……なんだか昔話のように思えるほど、最近はこのような光景を見かけなくなりました。

野球が大好きないわゆる〝野球小僧〟も減っています。

幼少期から体を動かすあそびをしていれば自然にできる動作の経験が乏しく、ボールをなげる、とる、といった動きも不得手になっています。

運動が好きではない子どもたちは実際に増えていて、スポーツ庁が令和4年度に、運動やスポーツに対する意識調査を全国の小学5年生、中学2年生に行った結果、**小5の児童のうち、「運動が嫌い」「運動がやや嫌い」と回答した子どもは、男子が合計7・6%、女子が14%でした。**同様に、中2男子では合計11・2%、女子では22・8%にのぼる生徒が運動が嫌い、やや嫌いと回答しました。

以前の調査（平成29、30年度、令和元年度）と比べてその率は増加しており、子どもたちの運動離れが進んでいることがわかります。

また、さまざまなツールが開発されて生活が便利になったことによって、しなくてすんでしまう動作が増えています。

たとえば、雑巾を絞る、蛇口をひねる、ドアノブを回すなど、「しぼる」、「ひねる」、「まわす」といった動作をする機会が減ってしまっています。

シート交換式のワイパーがあるので雑巾を使う機会がなく、濡れた雑巾を絞ったことがない、レバーを上げれば水が出るので蛇口をひねる必要がない、ひねる動作ができないためペットボトルのふたが開けにくい……これがいまの子どもたちの現状です。

「しなくてすむのなら、別にできなくてもいいのでは?」と思われるでしょうか。

しかし、手を使うことは、ほかの日常作業でも不可欠です。幼少期から暮らしの中で当たり前に行うことで腕や手首の複雑な動きの経験になり、体の使い方を自然に覚えることにもなります。そして、多様な動きをしないと、骨の成長にも影響がでてくるのです(次項で説明します)。

ちょっとした動作でも、できないことで確実に不便な思いをし、思わぬケガにもつながってしまいます。生活の中で自然に体の動きを習得する環境は、子どもにとって不可欠だといえるでしょう。

骨への衝撃が少ないと、骨は育たない

顔面から転ぶ子どもの増加とともに、「ちょっとつまずいて転んだら足首の骨にひびが入った」「跳び箱で手をついたら手首を骨折した」など、信じがたいような理由で骨折してしまう子どもたちも増えています。その原因は、やはり子どもたちの運動量が減ったことにあります。丈夫な骨をつくるには運動が必要で、運動による衝撃が少ないと、骨はうまく育ちません。

運動などによって体の筋肉量が増えると、骨に含まれるカルシウムや骨髄内の血流量が増加し、より強い骨が形成されます。逆に運動量が減ると骨は弱くなります。地球に帰還した宇宙飛行士の骨量は減少しているという話を聞いたことがありませんか？

無重力の環境では、地球上なら普段の生活でも得られる運動効果が期待できず、骨がもろくなってしまいます。その予防のため、多忙な宇宙滞在にも宇宙飛行士は毎日運動に取り組むのです。

子どもたちの運動量の少なさは、じつは赤ちゃん時代から発生しているという説もあります。生後7～8か月ごろになると「はいはい」が始まりますが、最近、赤ちゃんがはいはいをする期間がだんだん短くなっています。その時期の赤ちゃんをどこかにつかまらせると立てることがあり、それを見た**親御さんが気持ちをはやらせて毎日つかまり立ちをさせ、はいはいする期間を減らしてしまうことがある**のです。

はいはいによって赤ちゃんは重心を移動させる楽しさを経験し、手足や指の力、腹筋・背筋などの筋力や骨を発達させ、やがて両足で立つために上体を支える力をつけます。自分の体を支える動きを赤ちゃんなりに習得する機会を、親御さんが減らしてしまうとしたら残念なことですね。子どもたちの成長のステップはすべてが必要不可欠ですから、ゆったりと見守ることが大切です。

骨の成長にとっては、可能なかぎり、さまざまな運動を組み合わせて行うことが重要という研究結果があります。毎日、体のいろいろな部位を動かして多様なあそびをし、丈夫な体をつくる運動効果を得させてあげたいものです。

ミズノは「運動だけができる子」を育てたいわけじゃない

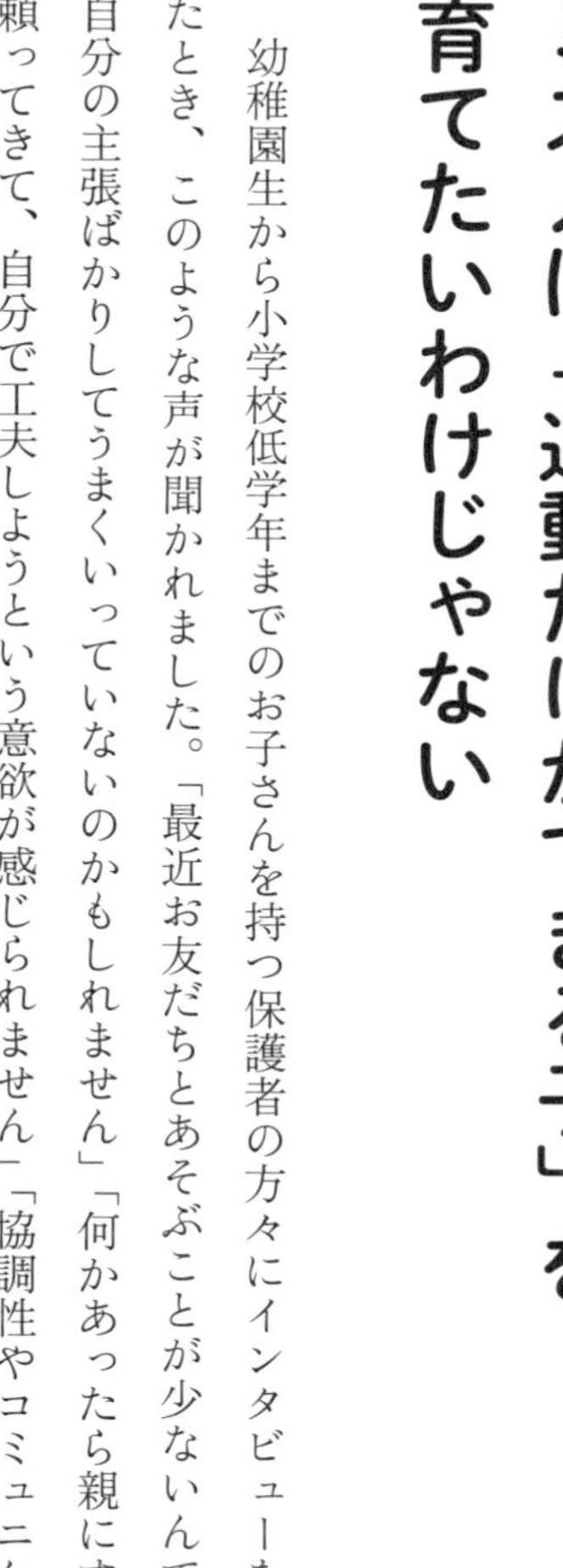

幼稚園生から小学校低学年までのお子さんを持つ保護者の方々にインタビューをしたとき、このような声が聞かれました。「最近お友だちとあそぶことが少ないんです。自分の主張ばかりしてうまくいっていないのかもしれません」「何かあったら親にすぐ頼ってきて、自分で工夫しようという意欲が感じられません」「協調性やコミュニケーション力が身についた大人になれるのかと心配です」……。

では、いま子どもたちは、実際どのようにあそんでいるのでしょうか？　やはり、人気を集めているのは、ゲームやYouTubeなどの動画視聴です。ちょっとした空き時間があればゲームを手にしたり、スマホやパソコンの画面を見つめたりします。ゲームが大好きなお子さんは、友だちと通信で対戦をすることにも夢中になります。

ここで気になるのが、**集団の中で、子どもがいろいろな友だちと関わる機会が少な**

いこと。自分とは違う性格や考え方を持つ人とあそぶことは、将来、社会に出ていく子どもたちにとって、コミュニケーション能力を身につけるためにも、重要な経験です。いくら対戦型のゲームをしても、集団の一員として友だちと関わることはできません。言うまでもなく、一人で動画を見る時間にリアルな人間関係はありません。

いっぽう、外あそびはどうでしょうか。友達同士で何をするか決め、その日の人数や顔ぶれによって、あそびのルールを変更することもあるでしょう。また、一つのあそびだけをずっとするのではなく、ある程度時間がたてば、「次は何してあそぶ?」と話し合いが始まります。つまり、**友だちとあそんでいるときは体だけでなく、頭も心もフル稼働していて、おのずとコミュニケーション能力や社会性を身につけている**のです。そしてゲームや動画に没頭しているときは一歩も動きませんが、外あそびでは、あそびが移り変わるごとに、体の異なる部位を使って動くことになります。

集団のなかでコミュニケーションをとってあそぶことで、子どもたちの能力はどんどん高まっていく——体を動かしてあそぶ機会をもっともっと増やしてほしいとミズノは願っています。

幼少期にやっておくべき36の基本動作って何？

幼少期は運動機能が急速に発達し、たくさんの動きを身につけやすい時期です。この時期にいろいろな運動を経験することによって、普段の生活に必要な動作をはじめ、とっさに身を守る動きや、将来的にスポーツに結びつく動きなど、多くの基本的な動きを習得することができます。

基本的な動きには「体のバランスをとる動き」「体を移動する動き」「用具を操作する動き・力試しの動き」の3つがあり、子どもたちが多様な動きを獲得するために、それぞれが重要な役割を果たしています。これら3つについて、もう少しくわしく見てみましょう。

①体のバランスをとる動き：姿勢変化や平衡維持の運動

バランスをとることは、体を思うように動かせるようになるためにとても重要な動きです。暮らしの中で行う「たつ」「わたる」「おきる」といった動きから、「さかだちする」「（自転車などに）のる」など訓練が必要な動きを含む9種類です。

②体を移動する動き：上下、水平方向の移動や回転移動

移動系の動作を何度もくり返すことで、体をスムーズに動かせるようになっていきます。「あるく」「はしる」といった日常生活で行う動きのほか、「のぼる」「およぐ」といった、練習して体得する動きなど9種類です。

③用具を操作する動き・力試しの動き：モノや自分以外の他者を扱う運動

ボールを「なげる」、バケツを「もつ」、砂を「はこぶ」やブロック「つむ」といった用具を操作する動きに加えて、「ひく」や「おす」といった、体の力を入れたり、ゆるめたりする力試しの動き18種類が含まれます。

BALANCE
体のバランスをとる動き 平衡系動作

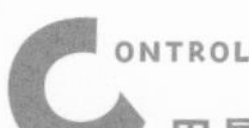

CONTROL 用具を操作する動き・力試しの動き 操作系動作

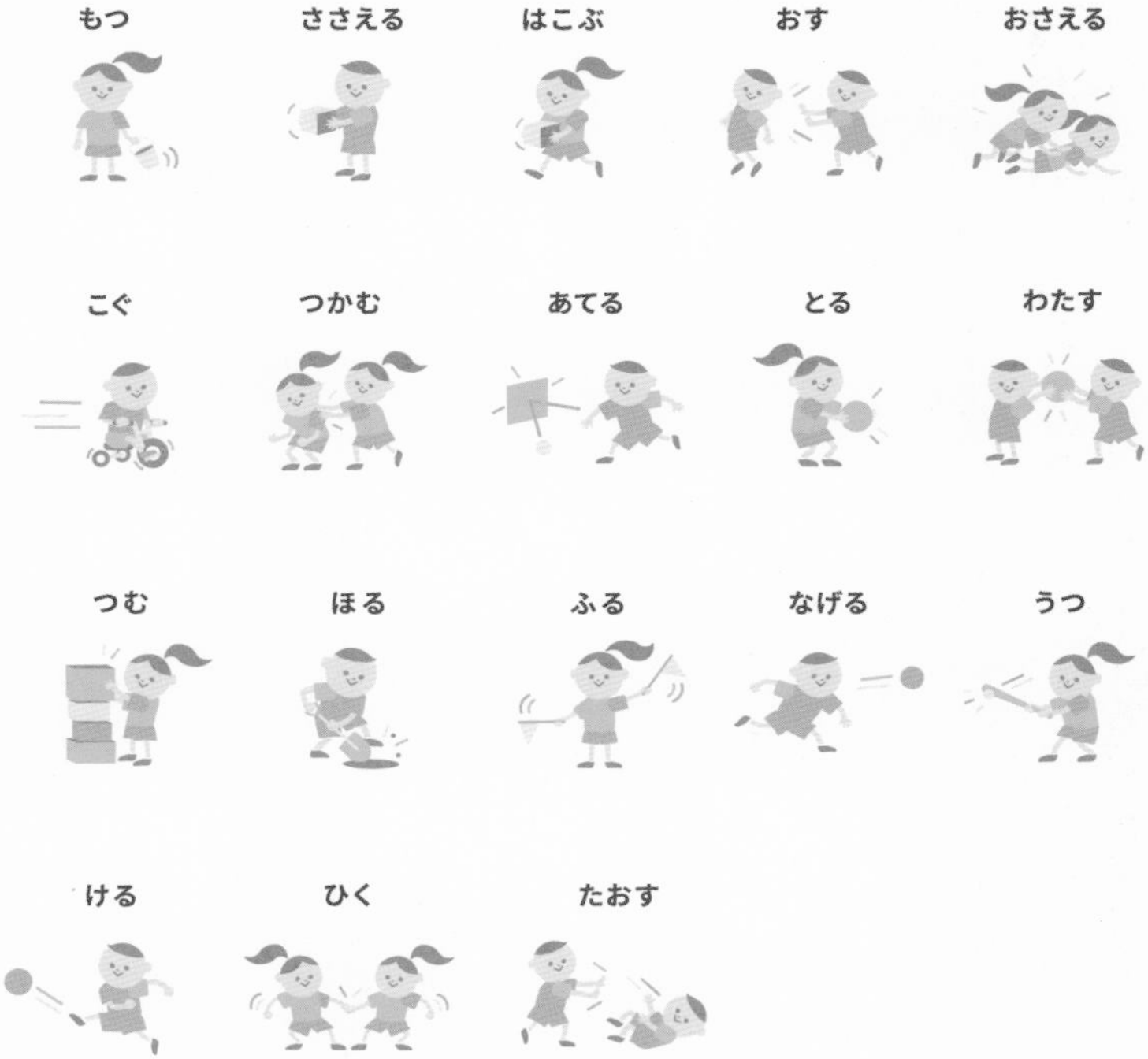
もつ
ささえる
はこぶ
おす
おさえる
こぐ
つかむ
あてる
とる
わたす
つむ
ほる
ふる
なげる
うつ
ける
ひく
たおす

36の基本動作のイラストから、その多様さやバリエーションの豊かさを感じていただけたのではないかと思います。ミズノはこれらの動きを、幼児から小学校低学年までの幼少期に経験し、身につけてほしい36の基本動作として推奨しています。

ただ、大切なことは、36の基本動作を一つひとつ体験することではありません。例として、子どもたちに人気の氷鬼という鬼ごっこのあそびを見てみましょう。鬼から逃げるために「あるく」、「はしる」、「はねる」動作をします。鬼が「つかまえる」と、氷のように固まるルールなので、それを「たつ」で表現します。つかまった友だちを助けるためには、両足の間を「くぐる」動作をして助けます。このように氷鬼だけで6種類の動作が体験できます。**多様な動きを総合的に体験することが大切なのです。**

ミズノが運営するすべての運動あそびプログラムでは、この36の基本動作をできるだけ多く盛り込んでおり、参加する子どもたちは、あそびの中で、楽しい経験を増やしながら身体能力を伸ばしていくことができます。

文部科学省が平成19年度から21年度に実施した「体力向上の基礎を培うための幼児期における実践活動の在り方に関する調査研究」では、より多くの友だちと活発にあそびを楽しむ子どもほど運動能力が高い、という傾向がわかりました。

楽しく体を動かすあそびは、複数の友だちと関わりができるきっかけとなり、子どもたちにとってまたとない経験になります。

同調査研究では、外あそびをする時間が長い子どもほど体力がある、という結果も出ています。ところが実際は、4割を超える幼児の、外あそびをする時間が1日1時間（60分）未満です。1日にどれだけの時間、体を動かすと多様な動作をスムーズに身につけることができるのかという明確なデータを示すことは困難ですが、わかりやすい指標をもうける必要があることから、文部科学省では、子どもが体を動かす時間を「毎日、合計60分以上」とするのが望ましいという目安を発表しました。

ただし時間だけが問題なのではなく、さまざまなあそびを中心として、散歩やお手伝いなど多様な動きの経験をすることが重要であるとしています。運動あそびではこの指標に沿い、実施時間を1回60分としています。先の人生をすこやかに充実して生きる土台づくりとなるのが、幼少期です。体を動かすあそびや日常生活のなかで、いろいろな動きを総合的に身につけさせてあげたいものです。

「幼少期にみにつけたい36の基本動作」をもとにミズノが考えた運動あそび

子ども時代にさまざまな動作を体験すると運動能力は高まり、将来の、心も体も健康な生活につながります。そのために多様な動きができる「あそび」が大切です。

そこでミズノが考えたのが「36の基本動作」をもとにした「運動あそび」です。36の基本動作とは、「あるく」、「はしる」、「はねる」、といった日常生活の体の動きを軸にした、幼少期に身につけるべき基本動作で、文部科学省が定める小学校の学習指導要領でも推奨されています。

未就学児から小学校低学年児童に人気のミズノ流忍者学校では、子どもたちが忍者になりきります。たとえば、忍びの術では、ゆっくり静かに移動する動きとして、「あるく」、「はう」、「くぐる」、「おきる」といった4つの動きが体験できますし、手裏剣の術では、用具を「もつ」、「はこぶ」、「わたす」、「なげる」、「(的に)あてる」、「とる」などの動作が体験できます。ミズノ流忍者学校では、約17種類の動作が楽しみながら体験できるよう、プログラムを構成しています。

多種目スポーツ体験プログラムMISPO！は、小学校1年生~3年生を対象にしています。バドミントンやテニスなどラケットスポーツの場合、運動経験が浅い児童にとって、初めからラケットでボールを打つことは、難度の高い動作となるため、まずは風船を手で打つ動作から入ります。これは、自分と風船との位置関係、距離感を感じ、学ぶことを意図として行っています。手で打つことに慣れてきたら、しゃがむ、寝転がる、まわるなど、姿勢を変えながら、かつ、頭、肩、背中、脚などさまざまな体の部位を使って、打つ動作を体験します。打ちながら座る、打ちながら立つというように、動作の組み合わせを取り入れています。

このように、ラケットスポーツのプログラムの導入部分だけでも、プログラム全体で約15種類の動作が含まれるよう工夫しています。ほかには、友だちとゲームルールや作戦をたてる話し合いの時間も取り入れています。**大人の説明を極力少なくし、子どもたち同士で活動する時間を増やす**工夫をしているのです。

大人が思う以上に、子どもは学ぶ力を持っています

「運動あそび」のプログラムは、子どもの発育や発達、運動の理論を詳細に学んだ専任の社員たちが、専門家に知見を求め、多くの論文などを参考にして最良のプログラムを構築してきました。

社員たちはよく現場に足を運びます。そしてある光景を見て、誰もがいつも感心するのです。それは、誰にいわれずとも子どもが自ら学ぶ姿です。

ある日、大きめのボールを真上に向かって投げ、ボールが落ちてくるまでの間にパンパンパンと何度か手を叩き、落ちてきたそのボールをキャッチするという運動に、子どもたちがトライしていました。最初に見本を見せ、「こんなふうにできる?」と子どもたちに問いかけます。小3ぐらいだとラクにできる場合も多いですが、幼稚園生や小1ぐらいのお子さんは、なかなかうまくキャッチできません。

こんなとき、つい**大人は「こうやればできるよ」とやり方を教えたくなりますが、私たちのプログラムではそうしません。**子どもたちに自由に取り組んでもらい、どうすればうまくいくのか、自分で気づいてほしいからです。

ある小1のお子さんのケースですが、最初はまったくボールをキャッチできませんでした。体育館の隅まで転がっていくボールを追いかけたりして、ちょっと大変そうです。私たちがそのまま見ていると、その子はじっと考え、ボールを真上に投げたあとに手を叩くのをやめて、普通にキャッチしてみました。そうすれば問題なくキャッチできたので、何度かくり返したあと、その子は意を決したようにボールを真上に投げ、ボールを見つめながらパンパンと手を叩いてみました。すると今度は、落ちてきたボールをしっかりとキャッチすることができたのです！

もしも私たちが手取り足取り教えていたら、その子は行動しながら自分で方法を編み出し、成功するという貴重な経験ができなかったでしょう。

子どもは大人が思うほど頼りない存在ではありません。すぐに口を出さず、信じてトライさせれば必ず何かを学び、自分の力で着実に進んでいきます。

スポーツ用品メーカーだからこその想い

以前、「運動が苦手、嫌いと感じる子どもは、そう思うようになったきっかけがある」と教育現場の先生からうかがいました。

例えばドッジボールで、ボールが顔に当たった子どもは、その痛さからドッジボールが苦手、あるいはドッジボールを避けようとするそうです。

また、最近の子どもは、用具を使ったあそび（用具を操作する動作）の経験が少なく、特に「なげる」動作の経験が少ないことも聞きました。

子どもにとってのあそびは、楽しい、おもしろい、夢中になれる時間であるべきで、それを阻害する要因を私たちの技術で解決できるのであればという想いから、**長年スポーツ用品・用具の開発をしてきたスポーツメーカーが持つ技術、ノウハウを活かし**

思わず手に取ってみたくなる形と色のミズノの用具

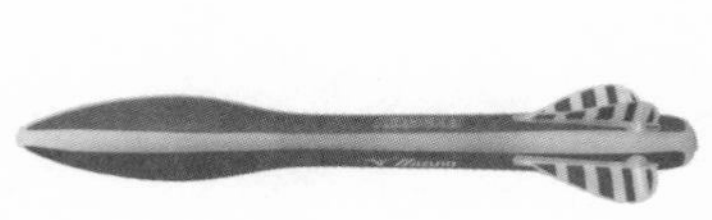

エアロケット

エアロディスク

て、子どもの運動あそび用具を開発しました。

そして、運動が苦手だったり、スポーツの経験が浅い子どもでも、思わず手に取ってあそびたくなるような、カラフルで楽しいデザイン、かつ安全性の高い、当たっても痛くない構造で、さまざまな「なげる」動作が経験できるあそび用具をつくりました。

ここでは、そのうちの2つを紹介します。「エアロケット」と「エアロディスク」です。

エアロケットは、その名のとおり、ロケットのような形状で、エアロディスクは、円盤形状をしています。

いずれもビーチボールより少し厚めの素材でできており、空気充填式のため、当たっても痛くなく、子どもの手で簡単につかんで投げることができます。

エアロケットは、ボール投げのようにオーバーヘッドで「なげる」動作を、エアロディスクは、体の捻って戻す力で横から「なげる」動作が体験できます。

もちろん、これら以外に真上に「なげる」、それを「とる」や、エアロケットを地面に「うちつけて」、はね返ってきたら「とる」動作など、多種多様な動作を体験できます。これらの投げる用具以外にも2種類あり、バラエティに富んだ運動あそびを実現しています。

運動あそびと脳への影響

これまで、幼少期からさまざまな動作を体験することが大事であるとお話ししてきました。

しかし、お父さんお母さんの中には、

「所詮、あそびは、あそびでしかないでしょ」

といわれる方がいらっしゃいます。あそびは、それ以上の効果に期待ができないと感じているのだと思います。

その一方で、「あそび」「脳の発達」といったキーワードでインターネット検索をしてみると、「脳を活性化するあそび」や「脳を鍛えるあそび」など、たくさんの情報が出てきます。

過去の研究では、運動・あそび経験と脳機能の関連性を調べたものがあります。

幼少期に屋外で体を使った運動あそび経験が豊富だった対象者は、言葉の流暢さや、かな拾いテストなどと深く関連する、前頭葉と呼ばれる脳の機能が高い傾向にあることがわかっているのです。

また、毎朝登園後に20分間「じゃれつきあそび」と呼ばれる、体を使ったあそびを続けている幼稚園では、前頭葉の機能が刺激され、不活発な園児が減少することが確認されています。

ワクワク・ドキドキ感を伴って子ども自身が主体的に行う身体活動（あそび）が、心配されている子どもの前頭葉機能の発達問題を解決するのに有効だと研究者はのべています。

「子どもの心の成長にビックリしました」——
運動あそびプログラムに参加したお子さんの保護者の声

「子どもがとても楽しく通っていました。学校でも人の意見をよく聞いて、自分の意思もうまく伝えられるようになったと担任の先生から伺い、運動あそびの中の作戦タイムが効いているのかも、と感じました」

「プレイリーダーの方の優しい話し方を無意識に学んだのか、友達に対しても『〇〇してみたら？』などとソフトな言い方ができています」

「どの運動でも子どもたちの意見を最優先にアイデアを取り入れてもらえて、子ども自身も考えて実行する力がつきました」

「６歳と４歳が参加しましたが、時間があっという間に過ぎてしまうほど、楽しく運動できました。難しすぎない、家でもできる運動で大変参考になりました」

第2章

子どもとあそぶとき、親が知っておきたいこと

子どもたちのあそびに、まず必要な3つの「間」

子どもたちが楽しくあそぶためには、

①あそび時間
②あそび仲間
③あそび空間

の「3つの間」が必要です。たっぷりあそべる時間、一緒にあそべる多くの仲間、自由にあそべる空間――これら3つの「間」がいつも確保できていてこそ、子どもたちのあそびは成立し、楽しく充実します。

ところが最近はゲームや動画に夢中な子どもが増え、多くの仲間と一緒にあそぶことが、とても少なくなりました。公園でも近隣の住民から「子どものあそぶ声がうるさい」と苦情があったりして、あそぶ空間が家の中に限定されがちにもなっています。

そもそも放課後は塾や習い事が詰まっているので、あそぶ時間そのものが確保しにくい現状もあります。コロナ禍ではその傾向がさらに強まったといえるでしょう。学校が休校になり、学校であそぶ機会も減り、さらに友だちと会って話をすることも少なくなっていました。

そして今、この3つの間だけではなく、**あそびを発展させる力も不足しているのではないか**と感じています。用具があっても、それを使ったあそびを次から次へとつくる、あるいはルールを変えるといった場面が少なくなっているのではないでしょうか？

私たち大人が子どものころは、放課後、ボール1個だけでフライキャッチごっこ、ボール当て鬼ごっこ、三角ベースとどんどんあそびを変えて、友だちと夕暮れまで思う存分あそんでいました。家に帰っておいしくごはんを食べ、ゆっくりお風呂に入ってぐっすり眠っていました。

あそぶことで当たり前に味わえた楽しさや心地よさ、そして、あそびから感じ取り学んだことを、現代の子どもたちにも経験してほしいとミズノは考えます。そうできる環境をととのえることは、私たち大人の責任ではないでしょうか。

子どもを夢中にさせるプレイリーダーってどんな人？

前項で、3つの間に加えて、あそびを発展させる力も不足していることに触れました。あそびを発展させるには、あそびの楽しさや、おもしろいあそびにつながるヒントを伝える「プレイリーダー」の存在が重要になってきました。

プレイリーダーとは、**「子どもがあそびの場でいきいきとあそべるように環境をつくる人」**です。海外では子どものあそびをサポートする職業の一つにもなっていて、ドイツでは「プレイリーダー」、イギリスでは「プレイワーカー」、オーストラリアでは「プレイデリバラー」と呼ばれています。

ミズノの運動遊びプログラムでも、プレイリーダーが先導して運動あそびを行っています。子どもたちのあそびを応援し、体力やコミュニケーション能力などを伸ばすために、ミズノは日々プレイリーダーの育成を続けていて、プレイリーダー認定数は

1180名となっています（2023年7月現在）。

ここで、プレイリーダーが子どもの運動に果たす役割を知っていただくために、ミズノが2019年にスポーツ庁から委託されて行った事業について紹介しましょう。

＊

1985年以降、子どもの体力が低下し、回復の兆しがないことを重くみたスポーツ庁が、その解決のために、保護者や、幼稚園・保育園・認定こども園の先生方と問題意識を共有して打開策を見つけようと企図し、ミズノに委託しました。

子どもの発育発達を研究されている山梨大学学長（当時教育学部長）の中村和彦先生の協力を得て進めたこの取り組みでまず行ったのは、都市部と、その周囲の小規模の市町村の、複数の園へのヒアリングでした。園児に運動やあそびをどのようにさせているか、困っていることはないか現状を伺い、いつもどおりの運動の様子と先生の関わり方を2度見せてもらいました。そして、園から課題だと感じていることやご相談をいただき、ミズノのプレイリーダーが講習会を行ってアドバイスをしました。

園はそれを活かして運動メニューを改良し、またミズノが園での運動の様子を見せてもらう――このようにして、視察→アドバイス……を3回くり返して行いました。

＊

ここからは、私たちが現場を視察し、アドバイスを行った園のうちの1園の事例を見ていきましょう。関西のとある認定こども園のケースです。この園には、運動や体操を専門で行う職員、いわゆる〝運動のお兄さん〟がおり、その方のリードで運動を行っていました。

いつもの運動あそびの様子を見せてもらったとき、1度目はリレーのバリエーションを中心に行っていました。4人1組でリレー→数人で手をつないでリレー→スキップでリレー、といった感じです。2度目はクマ歩き（四つんばいで歩く）、手押し車など体幹を使った運動あそびが行われていました。いずれも36の基本動作でいうと、体を移動する動きが主でしたが、園児たちにつけてもらった歩数計によると、**1度目は約500歩、2度目は約300歩と、運動量が私たちが予想していたより少ない**ことがわかりました。

次ページの棒グラフをご覧ください。これは園児の足首に「あるく」「はしる」「と

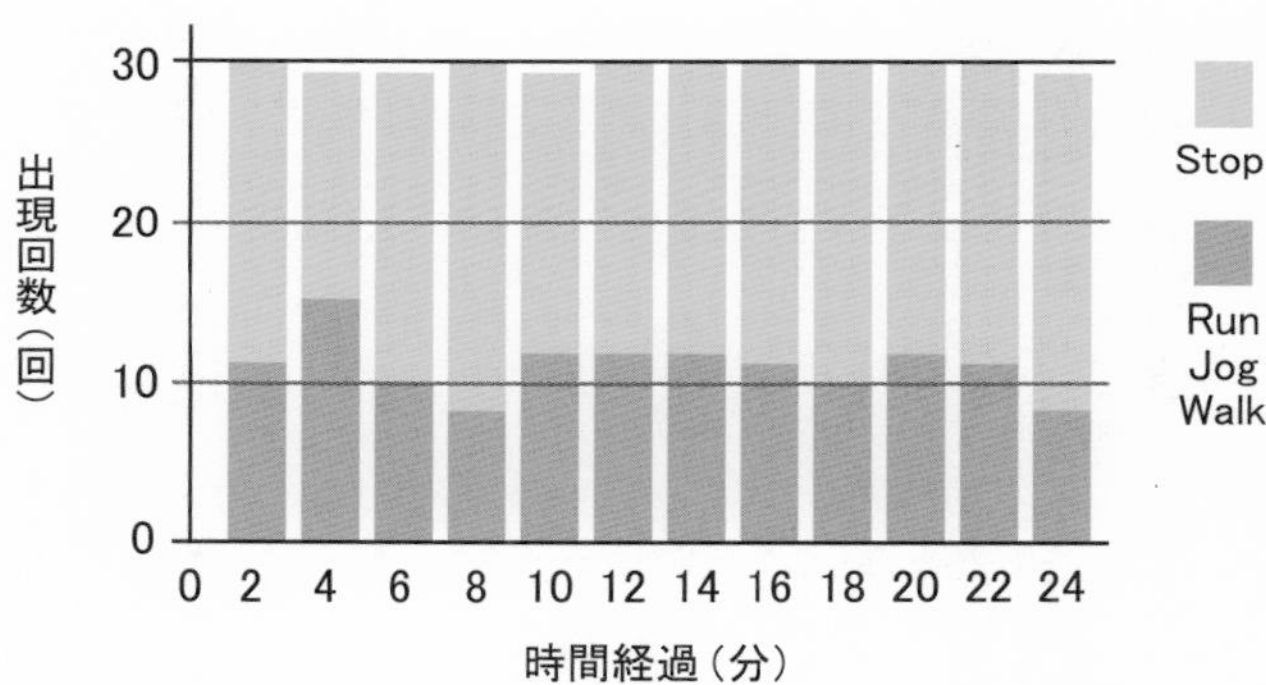

出典：「グラフ3：Pre2の動作判別結果」（ミズノ株式会社　グローバル研究開発部作成
「令和元年度　スポーツ庁委託事業「子供の運動習慣アップ支援事業」）より

ぶ」の動作を判別できるセンサーを装着し、どのような動作をしているか記録したものです。それぞれのグラフ上方の薄いオレンジの部分は動いていない状態を示していいます。リレーなどを行っているにもかかわらず、止まっている時間が全体の半分以上であることがおわかりいただけるでしょう。

その第一の理由は、指導者がリレーのルールや動作の説明を行っている時間が長かったことです。

説明の間は運動ができないので、説明時間をできるだけ短くし、園児に動いてもらうアドバイスをしました。第二の理由は、40人の園児が2班に分かれて交替で運動を行っていたことで、一方の班が運動している間、もう片方の班の園児は座ってそれを見ていたためです。園児が効率よく動き、リレーだけでなく多様な運動・動作をして歩数（運動量）を上げようという目標を、園とミズノで共有しました。

さらに、園児たちが楽しみながらたくさん体を動かせるように、プレイリーダーが多様な運動あそびを提案しました。

たとえば「いろいろ歩き」（コーンで区切ったスペース内を好きな方向に歩き回る）など歩数が増えるあそびや、園児たちが大盛り上がりになる「魔法の粉」というあそび。これは「〝魔法の粉〟をお腹につけるとひっくり返せないよ」と、架空の粉を園児のお腹につけるパフォーマンスのあと、腹ばい状態で体にぐっと力を入れるお友達を渾身の力でひっくり返すあそびです。説明の短時間化も実行してもらいました。

運動あそびの時間を3回実施して歩数を計測すると、確実に増加していることがわかりました。次ページのグラフのとおり、園児の歩数は3回とも約800歩。園のいつもの運動では1度目が約500歩、2度目が約300歩だったことを考えると、良い傾向に変わってきたといえます止まっている時間も減らすことができました。

プレイリーダーとあそぶと、歩数が増えた！

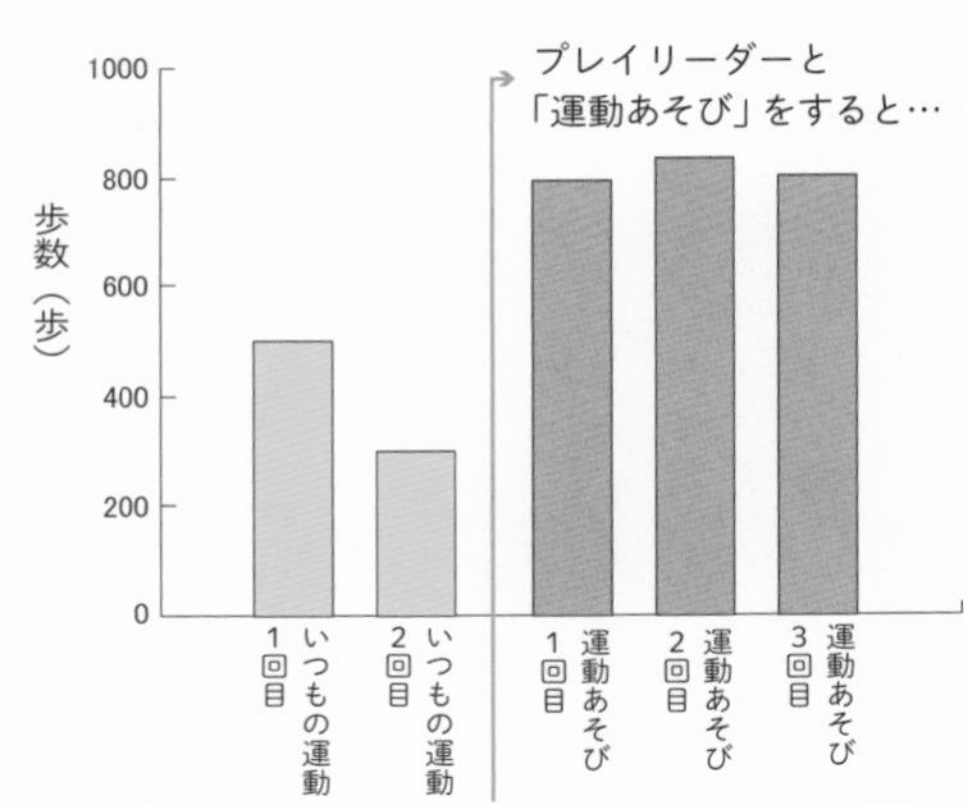

出典：「グラフ20：Pre・Post時の平均歩数」（ミズノ株式会社　グローバル研究開発部作成「令和元年度　スポーツ庁委託事業「子供の運動習慣アップ支援事業」）より

園のいつもの運動ではリレーを多用していたため、運動強度は確保されていましたが、運動量（歩数）が少なく、出現する動作も、たつ、はしる、など種類が限られていました。また、リレーという教示（指示のもとで行う）型の運動よりも、プレイリーダーが提案した、**子どもの主体性を取り入れた運動あそびでは、運動強度や運動量が確保でき、多様な動作が出現**しました。そして園の先生方が驚かれたのが、園児たちの表情の変化です。ご提案した**運動あそびでは園児たちがキャーキャーと大きな歓声をあげて楽しむ様子**が見られ、私たちミズノにとっても素晴らしい経験となりました。

ミズノプレイリーダーの約束

プレイリーダーは、すべての子どもに、発達段階に見合った運動あそびやゲームなどを提供し、体を動かすことのおもしろさを伝える役割を担っています。

お子さんが運動あそびを楽しみ、仲間とのコミュニケーションで喜びを感じ、自分で工夫しながら学ぶ充実感を得てもらいたい。その想いを実現するために、ミズノのプレイリーダーが保護者のみなさんに約束することがらをご紹介しましょう。

【約束1・手取り足取り教えません】

大人がやり方を事細かに教え、子どもはそれをなぞる――大人からいわれた動きをひたすら繰り返しても、子ども自らが課題に気づき、それを改善したい気持ちが生まれないと、子どもにとっておもしろくありません。

【約束2・優劣をつけません】

上手にできたことや、どんなにささいなことでもチャレンジしてできたことは必ずほめます。でも、もしできなくても怒りませんし、ほったらかしにしません。よかったところを見つけて、お子さんに言葉で伝えたうえで「次はどうすればいいと思う？」と問いかけ、自分の力で改善する力を養います。

【約束3・笛を吹きません】

大人がピッ！　と吹く笛を合図に、子どもに何かをさせるのは、命令に従わせているのと同じです。語りかける言葉の選び方や声の抑揚によって、子どもの意識をプレイリーダーに向けてもらうことは充分にできます。

【約束4・並ばせません】

学校の体育の授業では、実際に動いている時間はとても少ないことがわかっていま子どもたちがプレイリーダーとあそぶと…

- 気づいたらどんどん体の動かし方がなめらかになってきている
- 気づいたら自分の頭で考えられるようになっている
- 気づいたらどんどん積極的になっている
- 気づいたらいろんな友達と協力し合えるようになっている
- 気づいたらどんどんほかの人を思いやれるようになっている
- 気づいたら一人ひとりの個性を大切にできるようになっている

す。それは整然と並ばせることを重要視しすぎていることが一因です。注目してもらいたいときはプレイリーダーの周囲に集まってもらうだけ。体を動かす時間を少しでも長く確保するための工夫です。

また、プレイリーダーは、4つの約束に加えて、お子さんたちに実感してほしいことをいつも具体的にイメージしています。

私たちが目指すのは、上のようなお子さんの状態です。

「気づいたら」という言葉がすべてにつ

いていますね？

その理由は、私たちが目指すことをお子さんに強要するのではなく、その子独自のプロセスを大事にしながら取り組むうちに、自然とよい変化が起きることが素晴らしいと考えるからです。

ミズノの運動遊びプログラムを通じて、子どもたちの健やかな体、自ら進んで物事に取り組む自主性、周りの仲間を尊重してともに進む協調性を育みます。といってもそれは、プレイリーダーがレールを引き、お子さんはただそこに乗っていればOKというものではありません。

お子さんが主体的に気づき、動き、お友だちと学び合う「きっかけを導く」のがプレイリーダーの、ひいては大人の役割です。いわれた通りにやるだけだったり、早く結果を出そうとやみくもに急いだりすることには何の意味もありません。時間をかけて丁寧に、お子さんの「生きる力」を育んでいきたいのです。

実際に、ミズノプレイリーダーとして活躍している4人に、子どもたちとの向き合い方について聞いてみました。

① あそんでいたほうが、サッカーの能力も高まった（どーもくん）

スポーツ指導者は「上達させる」「強くする」ことを求められますが、プレイリーダーは子どもたちと同じ目線で、一人ひとりの個性を尊重しながら、のびのびと全力で運動できる環境をつくります。その中で失敗をくり返しながらも、何回も自らチャレンジし、「できた！」と成功体験をつかんだ子どもたちの姿を見られることが、プレイリーダーとしての喜びです。

プロを引退し、サッカー指導者になって3年目ぐらいまでの僕は、子どもたちの技術力

どーもくん

1976年兵庫県生まれ。元サッカー選手、指導者。1995年にセレッソ大阪ユースからトップチームに昇格。1999年までにリーグ戦30試合に出場した。ポジションはミッドフィルダー、ディフェンダー。2000年にアルビレックス新潟に移籍。その後、ＪＦＬのチームなどでプレーし、2005年９月引退。引退後は若年層などの指導を行う。2005年ミズノアルファサービス株式会社（現・ミズノスポーツサービス）入社。2016年ミズノプレイリーダー１級取得。プレイリーダーとしての活動のほか、現在もサッカー教室で後進の指導を行っている。

を上げることだけを考えていました。上手な子を増やして教室の生徒数も増やそうと、幼稚園年少（3～4歳）の子にも楽しさは二の次で指導しました。目標はJリーガーや世界のトップ選手。そこに到達するためには○年生でこのレベルじゃないと無理だぞ、と。いま思えばプレイリーダーの考え方とは正反対です。

たしかに、うまい子は増えました。クローンのように僕のいうことを着実にやる子どもたちです。

ところが、みんないったことしかやらないし、元気がない。僕が話しだせば目を見て直立不動。僕のいうことが絶対で、それしかやらない子ばかりになっていくことに危機感を持つようになりました。自発的に行動しないのはなぜだろうと。

まずは僕があまり口を出さないことにしました。最低限のルールの説明と方針だけを伝え、練習や試合を楽しむことを念頭において。すると子どもたち同士でアイデアを出し合う声が生まれてきました。上達のスピードは下がりましたが、いろんなことを試してみようという子が増えてきて、少しずつみんなが変わりだしたのです。

僕はいつも笑顔で、子どもたちがどんなことをしても怒りません（もちろん、子どもたちの身の危険など、不利益を被るときは別です）。そして子どもがおもしろいと思うような、練習のタネとなるあそびを仕掛けます。子どもたちは「何、なに？」と集まってきて夢中で体を動かし、それが結果的にいい練習になるように考えました。自由で楽しいからみんなのめり込み、ものすごく集中します。見ている保護者も笑顔。いい循環が生まれました。

すると、能力の向上にもいい影響が出たのです。あんなに厳しく教えていたときは誰一人、中学生の時点でJリーグのチームに行く子はいませんでしたが、今年（２０２３年）卒業した小学6年生12人中６人がJリーグの下部組織に進みました。技術ばかり教えなくても、子どもたちが夢中になれる環境があれば目的を達成できることを実感しました。

僕が常に心がけているのは子どもたちを見守り、自発的に考えて行動できるように促すこと。威圧感は必要ありません。そのほうが子どもたちの能力はどんどんアップするとわかったのです。たどり着いた指導法とプレイリーダーの理念が一致し、ミズノからの招きもあって、僕はプレイリーダーになることを決めました。

いまも週に一度、サッカーの指導をしています。

年少の1年間、ボールもさわらず、しゃがみ込んで人工芝をプチプチと抜くことに集中していた子がいました。僕は無理に練習に引き込もうとせず、その子がたまに気が向いてボールを蹴ったら、「え〜、そんなキックができるんだ！」とほめ、楽しく思いっきりあそんでいてもらうだけでした。やがて自然と意欲がわいて、自発的に練習に取り組むようになったその子は、6年生で全日本U－12に選ばれ、超強豪チームのエースになったのです。

やる気のスイッチさえ入れば、みるみるうちに子どもは成長しますから、いかに楽しい場所を用意してのめり込ませ、年齢に応じたあそびをさせてあげるかが重要です。うまくさせようとする必要はありません。うまくなるときは勝手になるんです。子どもの力は本当にすごいです。親御さんもすごい。人工芝を抜いている時点でやめさせていたら絶対に成長はなかったですから。プレイリーダーとして心がけている大きなテーマでもあるのですが、僕たち大人ができるのは、子どもたちが自分から取り組み、楽しいと心から思える環境をつくることだけです。

②変化を恐れない、固定観念にとらわれないプレイリーダーになってほしい（エスさん）

プレイリーダーのライセンス取得講習会などによる人材育成が、私のメイン業務です。また、ミズノが全国で行うイベントを推進し、現場をサポートしているので、いつも周りに子どもたちがいます。

プレイリーダー育成担当者として、お父さん、お母さんに伝えたいのは、固定観念にとらわれずに子どもたちをよく観察してほしいということです。こうなってほしいという目標はあっても、子どもはこう行動すべきだという固定観念はないほうがいい。その子に合わせて考えてあげてほしいです。

子どもを理解するために必要なのは、やはり観察すること

エスさん

2006年ミズノスポーツサービス株式会社入社。2016年ミズノプレイリーダー１級取得。プレイリーダーライセンス取得講習会や、勉強会、個別相談での指導など、人材育成における中心的役割を担っている。また、子どもから高齢者におけるミズノオリジナルイベントやスクールの推進を全国で行う。

です。私は、スクールなどで毎週会うお子さんも、単発のイベントのみで会うお子さんも、その日のプログラムが始まる前に何をしているかを見るようにしています。しゃべったり動き回ったりして自由に過ごす様子や、親御さんや周りのお友達とどう接しているかを見ると、そのお子さんの内面や特性が浮かび上がってくるんです。

何か言葉をかけるときも、お子さんをよく観察してほしいですね。ほめて育てるのがいいとよくいわれますが、ほめられた子どもたちがうれしいと思うのは、賛辞をもらったからではなく、自分をよく見てくれていたとわかるからです。

「すごいね」などと抽象的に大きくほめるのは、子どもが小さいときにはいいでしょう。幼児の時期は親の表情を中心に見ているので、笑顔でほめられることで喜びを感じられます。

しかし子どもが大きくなるにしたがって、より的確にほめないと響かなくなります。何をやったかに対して具体的にほめる。それは子どもをよく観察していないとできないことです。

子どもが何かやろうとしてうまくいかなかったとき、頭ごなしに叱るのは当然だめです。運動なら、やり方のコツをつかんでいないからできないだけということもよくあり、子どもたちはちょっとしたきっかけで、ひょいとステップを上がりますから、どういう言い方をすれば伝わりやすいかよく考えて、言葉をかけてほしいと思います。

たとえばボールをキャッチするのが苦手な子に対して「ボールをしっかりつかむんだよ」というのと、「ボールをしっかり〝見る〟んだよ」というのとでは全然違うんです。ボールをしっかり見ていない子に対して「つかもうね」といっても状況は変わりません。

どういう不具合がなぜ起きているのかを観察しなければ、真に子どものためになる言葉をかけることはできないのです。

いまのできない状態はちょっとした過程にすぎません。少々のつまずきで子どもを評価するのは危険です。もっと大きな視点でその子だけの正解を出してあげられる人に、プレイリーダーはもちろん、すべての大人がなれたらと思います。

③プレイリーダーに必要な、子どもを伸ばす働きかけ（もりしー）

瀬戸内海の小さな島で生まれ育ちました。野山を駆け回り、海で泳ぎ、サザエをとって毎日をひたすらあそび尽くし、スクールなんてないところでしたがサッカーに夢中になって、やがて選手として活動したのち、指導者の道へ進みました。

複数のチームの監督を歴任し、同時に下部組織で若年層の指導もしていたのですが、僕はいつも、どうしてこんなに小さな子に、勝つことだけが目的のサッカーをさせているのかと疑問でした。

「蹴って走って勝て！」指導者の自己満足のために子どもたちが犠牲になっているような気さえしていたの

もりしー

元サッカー選手、指導者。JFA（日本サッカー協会）公認A級コーチ。1988年より、フジタサッカースクール及び学校法人大原学園において各カテゴリー年代の指導。2014年ミズノスポーツサービス株式会社入社。2022年、ミズノプレイリーダー１級取得。MISPO!プログラム開発およびサブコーチを含む人材教育を行っている。

です。10歳以下の子どもたちには、競技のノウハウを教え込むことよりも思いっきり体を動かしてあそぶことのほうが大事で、そうしなければ、適切な時期のアプローチを逃してしまい、健全な発育発達に悪影響を及ぼし、豊かな心の発育にも影響があると考えていました。

そんな中で、ある指導者と出会ったことが大きな転機となりました。ドイツのケルン大学で学び、30数年前から子どもの運動あそびの有効性に着目していた人です。その方と意気投合し、指導者は子どもたち一人ひとりを観察し、決して大人の都合で押さえつけない。子どもたちはあそびながら成長する。そんなプログラムをつくりました。たまたまその人は後に日本サッカー協会の育成年代のスタッフとなり、日本サッカー協会の若年層のカリキュラムへ波及していきました。

そのころ広島県の支部にいた僕は、担当していた10歳以下のクラスにそのプログラムのコンセプトを導入し、とことんあそばせる内容としました。ドリブルもインサイドキックも教えません。形からの指導ではなく、あそびの一環で体験させていきました。当初は風当たりが強く、こんなのサッカーじゃないとさんざんいわれました。

ところがその子たちが6年生になると、全国大会に出場するようになり、県のトレセン（日本サッカー協会の進める育成制度）に何人も入るようになったのです。その後、強豪の高校に進む子も。あそばせていただけなのにどうして優秀な選手になるのかと評判をよび、急に入会希望者が集まるようになりました。100人ぐらいだった生徒が600人に増え、キャンセル待ちまで出る盛況ぶりでした。そんな現象が、35年も前に起こっていたのです。

こうしてあそびに重点を置いた指導をするうち、ミズノのメンバーとの出会いがあり、自分が考えてきたこととミズノのプレイリードの考え方が合致して、この会社で仕事をしようと決めました。とても運命的だったと思います。

プレイリーダーにとっていちばん必要なのは、子どもたちがいま何を考えているか、何をしようとしているかに気づくスキルです。子どもを観察し、表情や言動の変化を探すこと、そして子どもが興味を持ちそうなタイミングで、目の前にあそび用具や遊び方のヒントをこっそり提示してみる。いまこの空間に用具をこう置けば、こういうあそびが芽生えるだろう、というリードです。

ただ自由にあそんでごらんというのではなく、一つひとつ丁寧に考えたうえで、あそびの場を進めていくことが大事なのです。

ご家庭でも、子どもをよく観察して関わってほしいと思います。過干渉になってはいけませんが、ただ放任して子どもの気持ちのおもむくままにまかせていると、子どもは自分の好きなことが何なのか気づきにくくなります。

僕自身、娘が小さかったころは、布団でトンネルをつくり「ここに何かあるぞ」とあそびに導いたり、段ボールで体が入るぐらいの大きさの遊具をこしらえて、くぐらせたり跳ばせたり、といったことをやりました。〝作戦〟を練って子どもの目の前に置いてあげるのはいいことだと思います。

何に興味を持つかな？　とただ見ているより、働きかけはしたほうがいい。ときには知らん顔されてもいいではないですか。

意外に思われるかもしれませんが、お子さんの得意なことがうっすら見えてきたときには注意が必要です。

たとえば「この子はボールを投げるのがうまいなあ」と思うと、どうしても親御さんは、たくさん練習をさせて、もっと遠くに投げられるようにしようと思ってしまうのですが、一つの動きをくり返すより、いろんな動きを経験するほうが絶対に可能性は広がります。

登ったりくぐったり、飛んだり跳ねたり、投げたり蹴ったり、道具をつかったり、多様な動作をするほうがずっといいのです。

一つのことができたからといって、それにすぐ引っ張られてしまわないこと。ご家庭でできる安全な動作で、親子でいっぱいあそんでほしいと思います。

④ 育児で忙しい保護者にも、居場所をつくっていきたい（ふじさん）

学生時代にミズノでアルバイトをしたことがきっかけで入社に至りました。以来、楽しいあそびを通じて、子どもたちが心身ともに健やかに育っていくためのプログラム開発と実践に携わっています。

2016年にミズノプレイリーダー1級を取得し、プレイリーダー育成のための講習会や研修の講師を担当。より専門的で幅広い知識を得るために保育士の資格をとり、子どもの行動や心の動き、成長や発達などへの理解がさらに深まったと感じています。

3歳の娘と生後2カ月の息子がおり、現在は育休中です。母親になったことはとても大きな出来事で

ふじさん

2009年ミズノアルファサービス株式会社（現・ミズノスポーツサービス）入社。多数の運動あそびプログラムを開発・実践する。総務省IOTサービス創出支援事業、ベトナムにおける初等義務教育体育学習指導要領導入事業への参画、東京福祉専門学校こども保育科コース講師担当など、活動の幅は国内外を問わず広い。2016年ミズノプレイリーダー１級取得、研修講師など人材開発にも従事。保育士等の資格をもつ。２児の母。

したし、仕事面でも認識を新たにするきっかけとなりました。自分が子育てをしてみて、親御さんのお気持ちが身にしみてわかるようになりました。

いま強く感じているのは、私たちが提供する運動あそびプログラムを通じて、お母さんたちにも楽しんでいただきたいな、ということです。私自身、日々手探り状態での子育ての中、子ども達の「これがやりたい」「もっとやりたい」に応えてあげられないことも多くあります。育児や家事で体や心が疲れてくると、ついつい「ダメ」が増えてきませんか？　しかし親としてはできるだけ制限なく、思う存分好きなことで夢中になって欲しい。色々な経験をして楽しませてあげたいと思っています。

ですが……それでも、やっぱり難しいときもありますよね。

そんなとき、プレイリーダーが加わる運動あそびプログラムの中で、子どもが好きなことに夢中になり、イキイキとした時間を持ち、お母さんは、楽しそうに過ごすお子様の様子をご覧になることで、ちょっとだけ心の休息ができればいいなと思うんです。子どもたちの嬉しそうな姿って何だか安心しますよね。少しでもお気持ちをラクにしていただけたらと思います。

2〜3歳児対象の運動あそびを行うリトルクラスを立ち上げたとき、「毎日、子どもが楽しめる予定をつくって時間を埋めるのが大変」というお話を伺ったことがあります。今後は運動あそび以外にも、お母さん方がお子さんと一緒の場で楽しんでいただけるようなプログラムをつくっていけたら、と希望をふくらませているところです。

プレイリーダーが心を配るべきなのは運動の面だけでなく、参加してくださるお子さんたち、保護者全員の心の動きにも思いをはせなければいけないと思っています。

ある日、親子の運動あそびクラスで癇癪（かんしゃく）を起こしたお子さんがいました。その子は、その日のプログラムにあまり参加せず、違うあそびを楽しんでいました。プレイリーダーは、様子を観察しつつ、ところどころで、声をかけながら見守っていました。ですが、お母さんの表情はとても辛そうでした。お母さんは教室の後、周りのお母さんに頭を下げて謝り、お子さんを叱っていました。教室後、私はお母さんと少しお話をしました。お母さんの目からは涙があふれ、私はそっと背中をさすりました。

子どもが参加しないときのもどかしさ、この場所へ万全の状態で連れてくるために、多方面にわたる準備が存在するということ……。こういった背景は私自身が母親になったいま、より強く共感できます。後日、同じクラスにお子さんを通わせるお母さんからお電話がありました。現場を見ていた方です。少々緊張して電話に出た私に、そのお母さんは、「感情のブレーキがきかないときはどの子にもあります。『迷惑をかけて申し訳ない』なんて感じなくて大丈夫ですよ、と、あのお母様にお伝えいただけませんか？」とおっしゃったのです。このお言葉には、ほんとうに胸を打たれました。

癇癪を起こしたお子さんのお母さんにすぐご連絡したところ、なんとありがたいことを、と感激されました。その後はクラス終了後に親子でランチに出かけたり、お互いの家を行き来したりと、仲良く交流を続けていらっしゃいました。

みんなと一緒の場でうまくいかないとき、子どもはどんな気持ち（状態）になっているか？　それを見た親御さんや他の参加者の方はどう思うのか？　プレイリーダーは常に広い視野で考え、意識する必要があると改めて学んだ出来事でした。

運動あそびがコミュニケーションのいい機会となり、心の学びの場にもなれたら、こんなにうれしいことはありません。そのためにも、私たちプレイリーダーが参加者の内面に対しても配慮を忘れないことが大切だと感じています。

プレイリーダーに教えてもらう、自ら動く子になる親の言葉がけ

「どんな言葉をかけたら、子どもはやる気を出すんでしょうか」
「子どもをほめたほうがいいと聞くけど、どうほめたらいいかわからない」
ＭＩＳＰＯ！に参加しているお子さんの保護者のみなさんから、プレイリーダーがこのようなご質問を受けることがよくあります。

まず大事なのは、お子さんが何かをしようとしているときに口を出さないことです。よかれと思ってつい「こうしたほうがいいよ」「そんなやり方じゃうまくいかないよ」などといいがちですが、大人が頭の中で固定している正解を子どもに押し付けてはいけません。子どもは出ばなをくじかれたように感じ、行動自体をやめてしまうことがあります。そうなってはやる気が出るはずもありませんね。

ではお子さんが実際に行動したら、どう言葉をかけてあげたらいいのでしょうか。

まず、子どもに関心をもって見つめ、その行動の様子を観察しましょう。そのうえでポイントは、**お子さんの行動を「すぐに」「具体的に」ほめること**です。アクションを起こした事実や過程をそのままほめるのです。

転んでも自分で立ち上がったこと、自分からお手伝いをしてくれたこと、何かを一生懸命がんばったこと……お子さんを観察していれば見えてきます。

「このあいだ転んだときはずっと泣いているだけだったのに、今日は自分で立ち上がれたね」

「○○ちゃんがハンカチをたたんでくれたから、お母さん助かっちゃった」

「一生懸命がんばったから、お砂場で大きな山がつくれたね」

ただ「すごいね」というのではなく、具体的に説明しながらほめると、子どもは自分のした「えらいこと」をお父さんやお母さんがちゃんと見ていて、言葉にして伝えてくれたことに深い満足感をおぼえます。

気をつけたいのは、お子さんが何かをしようとしたけれどできなかったときに「何でできないの?」といってしまうことです。とくに初めてのトライに失敗したときにいうのはよくありません。できなかったのは、やり方をあまり理解していなかったからかもしれません。それは子どもの能力の問題ではなく、大人の説明が充分ではなかったのかもしれません。ならばもう一度教えてあげたり、一緒にやってあげる場面を用意したり、と方法はたくさんあるはずです。

また、結果だけを見れば失敗でも、そこに至るまでの過程には、お子さんががんばったことがたくさんあるのではないでしょうか。努力の様子が見られるなら、それを認め、伝えてあげましょう。着眼点を少しずらすだけで、次へのやる気につなげることができるのです。

親も人間ですから、ときには虫の居どころが悪いときもあるでしょう。ストレスが溜まっていたりすると、自分も驚くような鋭い言葉を子どもに投げてしまうことがあります。

言い過ぎてしまったなと思ったら、

「さっきはあんな言い方してごめんな。できるようになったらうれしいなと思って言い過ぎちゃったんだ。じゃあお父さんと一緒にやってみようか」

といったように、丁寧に話してあげてほしいと思います。小さな子どもにも、目線を同じくして相手を尊重しながら伝えれば、思いは伝わります。

もう一つ気をつけたいのは〝うちの子だけできない病〟にかからないこと。

保護者の方から、うちの子はあれもできない、これもできない、周りの子より劣っている、という悩みをお聞きすることがよくありますが、まずは他人との比較をやめましょう。誰かと比べてできないからダメ、ではなく、お子さん自身がどう取り組めば楽しみながらいい結果に向かっていけるか、という視点に立つことが大切です。これはほめるときも同じで、「〇〇ちゃんよりできたね、すごいね」というほめ方は、他人を見下す思考につながる恐れがあるので気をつけたいですね。

しっかり見つめるべきは、ほかのお子さんではなくわが子です。そして、親御さんがしっかり自分を見ているか否か、子どもにはわかってしまうものです。

これからも続いていく子育ての道を、お互いに信頼し合いながらともに進めたら幸せではないでしょうか。

もっとやる気になる子どもへの問いかけ、声かけのヒント

運動プログラムが始まる前や終わった後に、子どもたちとお話をすることがよくあります。

そのときに私たちが感じるのは、子どもは自分のことを話したい、聞いてほしいんだなあということです。多くの子どもが、その日の出来事、おもしろかったことを一生懸命話してくれます。私たちが、子どもに問いかけていることをご紹介します。

すべての質問の主語は、子ども本人です。「あなたは、今日休み時間で～」「あなたはだれと～」のように、子どもが主語になるように問いかけるようにしています。そして、私たちも子どもからの返答に、「そうなんだ」と肯定したり、時には大笑いしたり、時には、「へーーっ」と驚いたりしながら、純粋に会話を楽しんでいます。

◎今日、休み時間でいちばんおもしろかったことは何？

だれと一緒にしたの？

どんなところがおもしろかったの？

家でお父さん、お母さんとも一緒にやってみたい？

◎休み時間で、最近流行ってるあそび（過ごし方）って何？

いつから流行ってるの？

どんなところがおもしろいの？

お家でも家族で同じあそび（過ごし方）をするの？

◎今日、○○ちゃんが、この子すごい！って思ったお友だちはいた？

どんなところがすごいと思ったの？

なんでそのお友だちは、すごいことができると思う？

お友だちに教えてもらいたい？

こどもからおとうさん、おかあさんへ

おとうさん、おかあさんがこどものころにやったあそびをおしえてもらおう。
どんなあそびをしてたのかな？ だれとあそんでたのかな？
おとうさん、おかあさんといっしょに、そのあそびをやってみてもいいね。
おとうさん、おかあさんがこどものころ、

なにしてあそんでたの？

それは、
なんさいくらいのとき？

どんなところがおもしろかったの？

どこであそんでたの？

おともだちと
ケンカしたことある？

どうやって
なかなおりしたの？

第3章

「基本動作」がなぜ、子どもの「生きる力」を伸ばすのか

これからの子どもたちに持っていてもらいたい「生きる力」＝「学力」「コミュニケーション能力」「体力」——学習指導要領「生きる力」とはなにか

文部科学省は、２０２０年度から新しい学習指導要領をスタートさせています。学習指導要領とは、全国どこの小・中学校でも一定の学習水準が保てるように定めている教育課程（カリキュラム）の基準で、およそ10年に1度改訂されます。子どもたちの教科書や時間割は、この学習指導要領をもとにつくられています。

ちなみに幼稚園では「幼稚園教育要領」のもとで園児教育を行い、保育園では厚生労働省管轄の「保育指針」に沿って保育がなされます。

学習指導要領について文部科学省がまとめたリーフレット（「生きる力」保護者用パンフレット詳細版　平成22年8月発行）には、こう説明が書かれています。

「新しい学習指導要領は、子どもたちの現状をふまえ、『生きる力』をはぐくむという理念のもと、知識や技能の習得とともに思考力・判断力・表現力などの育成を重視していきます。（中略）次代を担う子どもたちが、これからの社会において必要となる『生きる力』を身に付けてほしい。そのような思いで、新しい学習指導要領を定めました」

「生きる力」とは、子どもにとって、なくてはならない3つの力の総称です。

一つずつ見ていきましょう。

①学力

知識や技能はもちろん、学ぶ意欲も重要な要素です。

そのほか、自分で課題を見つけて学べることや、主体的に判断・行動できることが学力とされます。問題をよりよく解決する資質や能力も、学力と定義されています。単に「学校でいい成績をとれること」を指すのではありません。

②コミュニケーション能力

人を思いやる力、人を慈しむ力を指します。自分の考えや感情の動きを友好的に伝えられる力を持つこと、他者の身になって行動できることもコミュニケーション能力です。

③体力

「防衛体力」と「行動体力」の2つに分けられます。防衛体力とは「病気やストレスに対する免疫力や抵抗力、環境に適応する能力」を指し、行動体力とは「実際に体を動かし行動する身体能力」を指します。

1964年以来、行動体力は文部科学省による「体力・運動能力調査」として測定されてきました。その一環として1998年までは「スポーツテスト」が、1999年以降は「新体力テスト」が行われており、テスト結果は、体育・スポーツ活動の基礎資料として活用されています。

子どもたちが心身ともに健やかに成長し、自分で道を切り拓いて生きていける大人になるには、「学力」「コミュニケーション能力」「体力」という3つの力の総和である「生きる力」が充分に育まれる必要があります。

ミズノでは、**学習指導要領の内容策定および改訂に長年従事されている発育発達学の第一人者、山梨大学学長・中村和彦先生の監修のもと、MISPO!をはじめとした運動あそびプログラムの開発・実践を続けています。**

子どもたちが運動あそびを通じてのびのびと健やかに育つことは、「生きる力」を得ることにつながっていきます。

第3章では、中村先生の研究成果による知見や、さまざまな文献・論文等のエビデンスに基づき、保護者のみなさんに知っておいていただきたいことをご紹介していきます。

学力&コミュニケーション能力&体力の相互補完性……どれが欠けてもいけません

3歳から小学生ぐらいまでは、子どもたちにとって体の面でも心の面でも、成長の基礎をつくるとても大切な時期です。

子どもの育ちには「発達段階」があり、年齢・時期によって、できることの種類や数がだんだん増えていきます。**「鉄は熱いうちに打て」**とばかりに、**急いでたくさん習得させようとしても、発達のスピードが速まったり、能力が早く高まったりすることはありません。**

あそびや運動は、発達段階に見合ったかたちで行うことが求められます。3〜5歳ごろの幼児期から、11〜12歳ぐらいまでの小学生の時期に見合ったあそびや運動のあり方は以下のとおりです。

◆幼児期…3〜5歳ごろ

「はしる」「とぶ」「なげる」といった基本的な運動ができるようになります。あそびの中にさまざまな動きの要素を取り入れることで、子どもたちの動きのレパートリーやバリエーションがさらに豊かになります。

◆小学校低・中学年…6〜10歳ごろ

心の成長とともに、自分の意思で運動ができるようになります。幼児期までに経験した動きがだんだんうまくなって、体をコントロールする能力がよりいっそう高まります。

この時期には一つの動きだけでなく、「ボールをつきながら走る」といった複雑な動きにチャレンジしたり、音楽に合わせて体を動かしたりと、子どもたちがおもしろがってのめり込むような運動あそびを、日常生活の中で頻繁に行うことが望ましいといえます。

◆小学校高学年…11歳～12歳ごろ

体が発達すると同時に、筋力や持久力も徐々に発達する時期です。多くのスポーツに含まれている複雑な動きや力強い動きが可能になります。

認知的な発達によって、さまざまなことを理解し、スポーツを実施する基盤を形成する段階です。

幼児期から小学生の時期に、発達段階に沿った運動あそびを行い、多種多様な体の動きを体験することは、子どもたちの育ちに大きな効果があります。

さらにこの時期に行う運動あそびは、生活の主体であるとともに、子どもが生きる力を身につけるために必要な3つの発達領域を習得する場ともなります。

3つの発達領域とは、以下のとおりです。

発達領域① 思考や判断といった「認知的な発達」
発達領域② コミュニケーションや態度の形成といった「情緒・社会性の発達」
発達領域③ 体の構造や機能をもとにした技能や運動能力といった「身体運動の発達」

運動あそびで、体力以外の力も発達する！

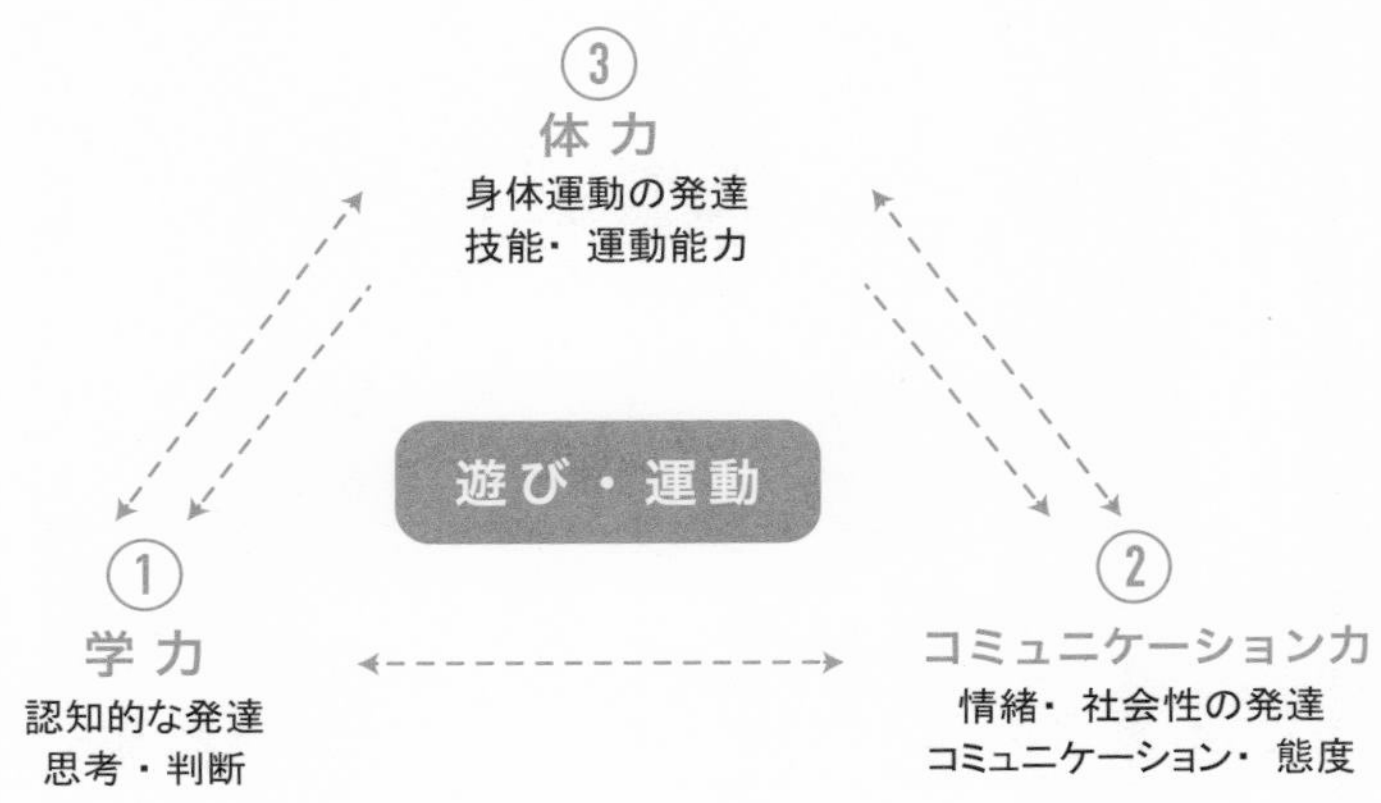

相互補完性とは

特に幼少期においては、
3つの発達側面が
「相互補完性」を持ちながら
習得されていく

出典：「運動あそびは「相互補完性」を持ちながら子どもの発達を促す」（ミズノ株式会社発行『LIVE』Vol.1 2018年春号「特集 運動あそび大研究」より）

これらの発達領域は、学習指導要領で文部科学省が掲げる「生きる力」を構成する3要素、「学力」「コミュニケーション能力」「体力」と結びついています。

前ページの図をごらんください。発達領域「①認知的な発達」は「学力」と、発達領域「②情緒・社会性の発達」は「コミュニケーション能力」と、発達領域「③身体運動の発達」は「体力」と連動しています。子どもたちが運動あそびによって多様な体の動きを習得し、それぞれの発達領域を満たしていくと、おのずと、学力、コミュニケーション能力、体力も一緒に向上するのです。

そして発達領域①〜③は、それぞれが独立して習得されるのではなく、お互いに関係し合いながら個々の能力が育まれる特性を持っています。これを「相互補完性」といいます。

では「相互補完性」の例として、複数人で行う運動あそび、鬼ごっこについて見てみましょう。

鬼でない子どもは、鬼である子どもを見て、逃げる方向を瞬時に判断します（①認知）。そして友だちとコミュニケーションをとり、友だちを逃がすためにわざと鬼に近づいて気を引くような動作もします（②情緒・社会性）。つかまりそうになったら素早く体の向きを変えたり、全力で走ったり、鬼の手をよけるために姿勢を低くしたりと、さまざまな動きをくり返します（③身体運動）。

鬼ごっこが「認知的な発達」「情緒・社会性の発達」「身体運動の発達」の3つの発達領域を含み、しかもそれぞれが関係し合っていることがわかります。

おもしろくのめり込みながら多様な動作を実践できる運動あそびは、子どもたちの発達にとって欠くことのできないものなのです。

なぜ子どもたちの体力が落ちてしまったのか

いまの大人たち（おもに40～50代以上）が子どものころは、路地裏や空き地、原っぱといった空間で鬼ごっこやゴムとびをし、道路で缶蹴りをし、公園で野球やサッカーをするなど、毎日たっぷりとあそぶことが当たり前でした。

しかし1980年前後に「道路であそんではいけません」という標語がつくられて広まったのを機に、子どもたちのあそび空間は急激に少なくなっていきました。身近なあそび場だった道路を追い出され、公園に行けば「ボールやバットを使ってはいけません」「大きな声でさわいではいけません」といった看板が立てられていて、降園後や放課後に仲間と元気にあそぶ子どもを見ることは少なくなってしまいました。

また、1983年にファミコンが発売、普及したことで、子どもが体を動かしてあそぶ時間はさらに減少の一途をたどります。これは現代も同様で、家の中でのゲームやYouTubeなどの動画視聴が、日々のメインのあそびとなっています。

いま、日本の子どもたちの体力や運動能力は、非常に低いレベルであることがわかっています。文部科学省が1964年から6歳（小学1年生）以上の青少年を対象に継続している「体力・運動能力調査」では、すべての年齢において1985年前後から基礎的な運動能力が低下し続け、現在も低い水準にあるという結果が出ています。

山梨大学学長・中村和彦先生の研究グループで、日常生活やあそび、学校での体育における「はしる」「とぶ」「なげる」など7種類の基本的な動きの習得状況を、今日の子どもたちと1985年の子どもたちとで比較したところ、**今日の年長児（5歳）の習得状況は85年の年少児（3歳）と同様であり、小学3年生（8歳）・4年生（9歳）の習得状況は85年の年長児（5歳）と同様である**ことが明らかになりました。

子どもたちの体力低下の原因は、生活やあそびにおける運動経験が極端に減少したことにあります。習得しておくべき基本的な動作の発達が遅れ、生涯において必要な体の動きが身についていない現代の子どもたち。**運動あそびの消失は子どものライフスタイルを崩壊し、健やかな育ちを阻んでいる**のです。

日本の子どもたちの体力、「二極化」と「二局化」

前項で、日本の子どもたちの体力が低下していること、文部科学省による「体力・運動能力調査」の結果も低い水準にとどまっており、その原因は運動経験の減少により、体の動きが身についていないことだとお話ししました。

次ページの上のグラフは「体力・運動能力調査」において実施された、11歳児のスポーツテスト（現・新体力テスト）の合計点の年次推移です。縦軸は合計点、横軸は測定年度を表しています。１９８５年以降、点数の下降がみられ、運動能力が低下していることがわかります。

この低下は、１９８５年にピンポイントで何かが起こったからというわけではなく、子どもたちが放課後の居場所としていた道路や公園であそべなくなるなど、１９８０年前後からあそびの環境が変化したことが影響していると考えられます。

11歳児の体力テスト結果は、1985年から下がり続けている！

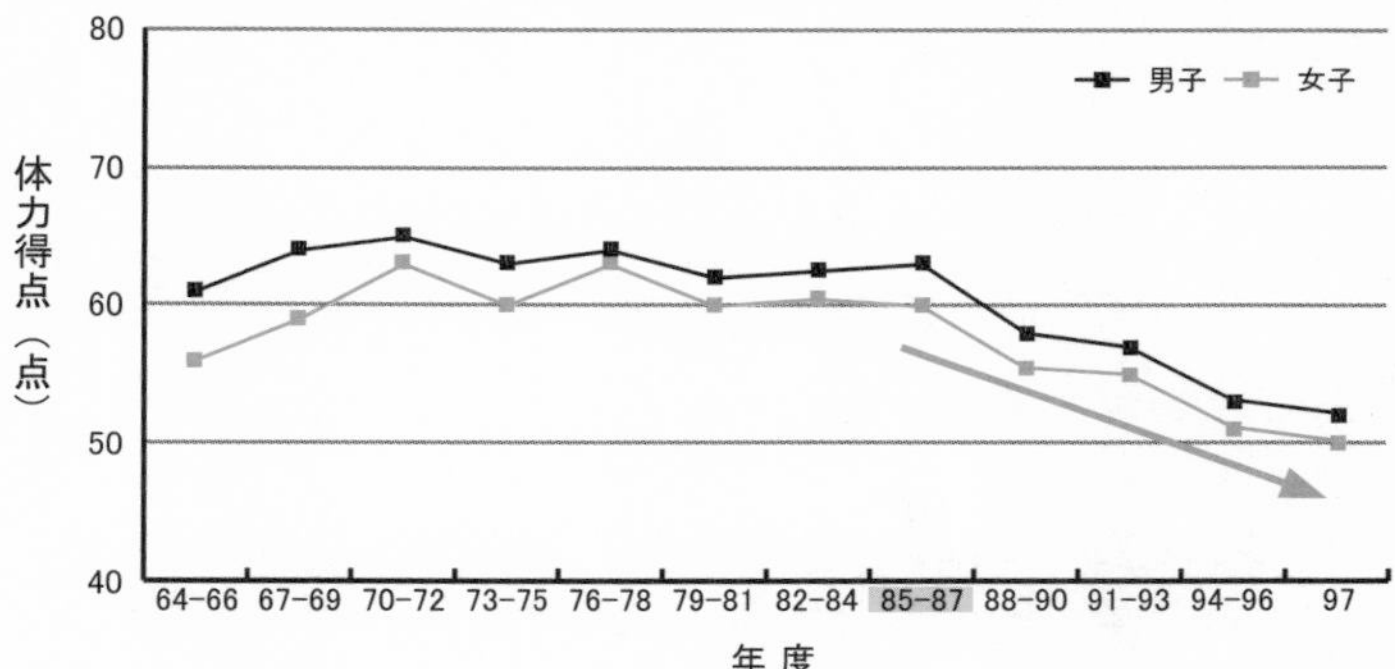

出典：「グラフ1　運動能力テスト合計点の年次推移（1964年〜1997年）」（ミズノ株式会社『Mizuno PlayLeader TextBook』より）

子どもたちの体力差がどんどん広がっていく

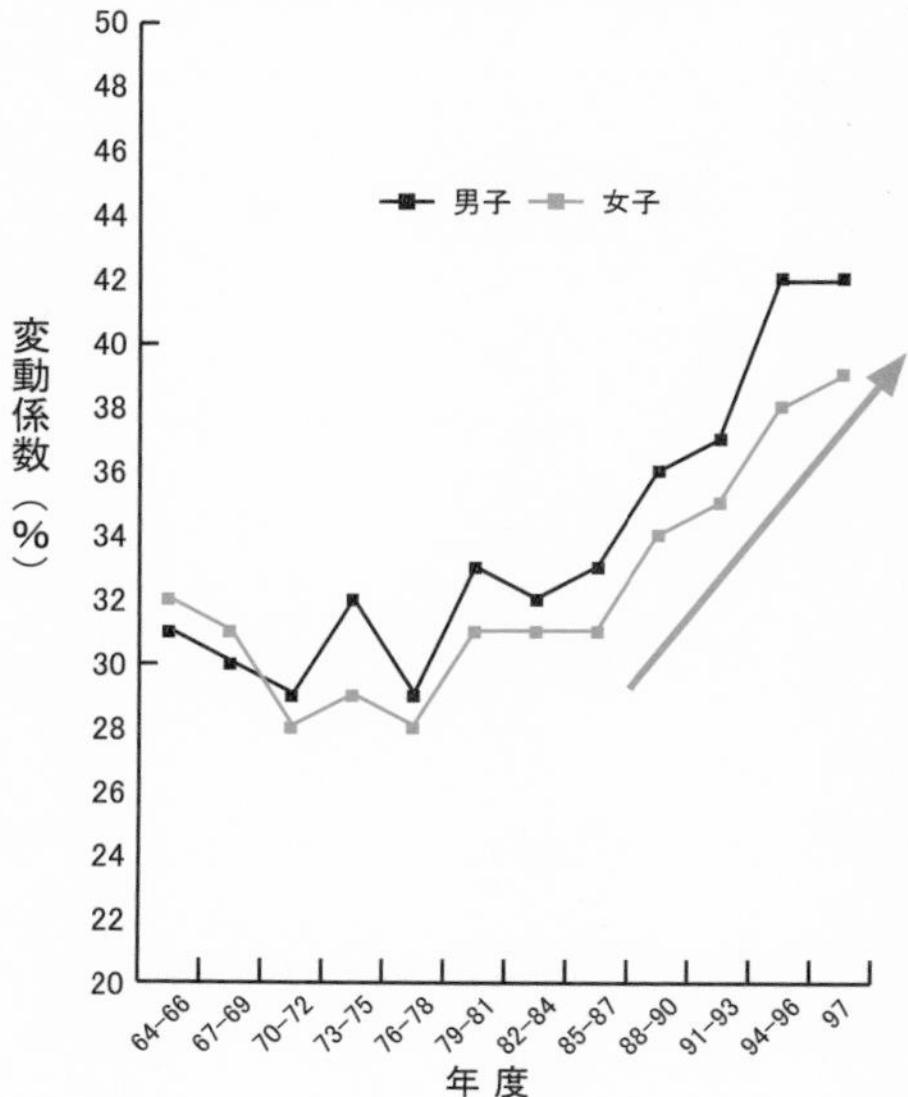

出典：「グラフ6　運動能力テスト合計点の変動係数の年次」（ミズノ株式会社『Mizuno PlayLeader TextBook』より）

（※）出典：「スポーツテストにおける11・14・17歳の体力テスト合計点の年次推移」（文部省'97年当時「体力・運動能力調査報告書」より）、『子どものからだと心白書』（子どものからだと心・連絡会議）

次に、同じページ（115ページ）の下側のグラフをご覧ください。

こちらは1964年から1997年までのスポーツテスト（現・新体力テスト）における合計点の「変動係数」を示しています。変動係数とは標準偏差（データのばらつきの大きさ）を平均値で割った値で、合計点が平均値と比べてどれだけばらついているかを表します。

グラフからわかるのは、1964年から1985年までは変動係数に大きな変化はなく、1985年以降は急上昇していることです。平均値に対して一人ひとりの計測データのばらつきが大きいと変動係数の値が上がるため、このグラフから読み取れるのは、**子どもたちの体力や運動能力には個人差が大きく、しかも年を追うごとにその差が広がっているという現状**です。

なぜこのような状況になっているのでしょうか。次ページの円グラフをご覧ください。こちらは、文部科学省による「平成22年度全国体力・運動能力・運動習慣等調査」の結果から、小学5年生男子児童と女子児童の「1週間の総運動時間」の分布を抜粋し、円グラフにしたものです。

小学5年生の1週間の総運動時間（平成22年度）

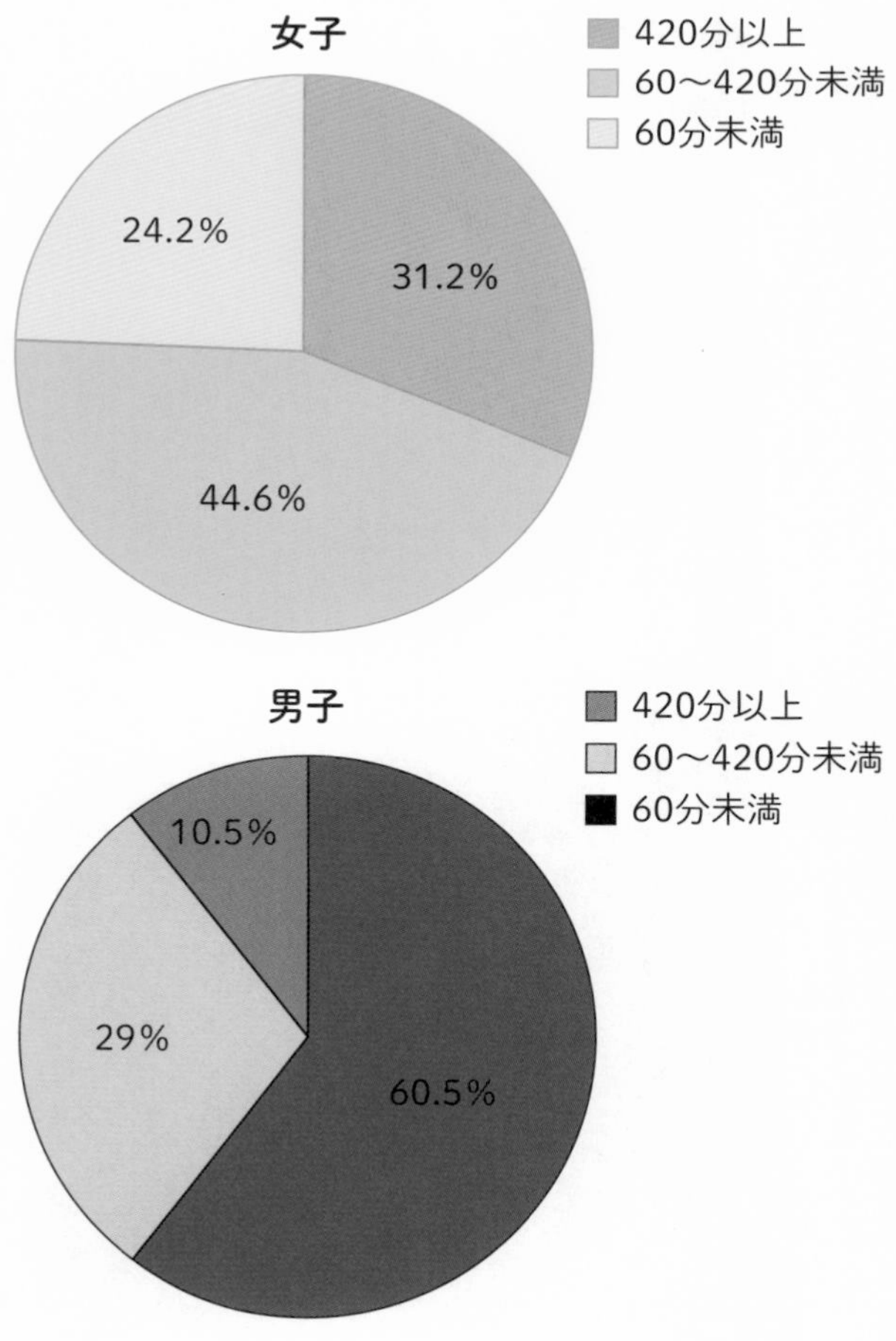

グラフが示すとおり、1週間の総運動時間が60分未満と回答した小学5年生男子児童の割合は10・5%、女子児童では24・2%でした。そして1週間に420分以上運動やあそびをしていると回答した児童の割合は、男子児童で60・5%、女子児童で31・2%でした。

体を使ったあそびやスポーツをほぼ行わない児童と、毎日60分以上、体を動かしている児童とでは、身体活動量に格差が生じることは明らかです。

このように、活動的な子どもと非活動的な子どもとの間に身体活動量の大きな差が表れ、基本的な動作の習得度に格差が生じる状況を「二極化」といいます。

さらにもう一つ、「二局化」という現象も起きています。幼いころから一つのスポーツだけをしている子どもは多様な動きができない傾向がありますが、たくさんの運動あそびやスポーツをしている子どもは多様な動きが身についており、両者の運動能力に差が生じているのです。

「でも、オリンピックに出場するようなトップアスリートたちは子どものころから一つのスポーツのみの練習やトレーニングをし続けているのでは？」と思われるでしょうか。

じつはそうではありません。

日本を代表するトップアスリートの約6割が、専門とする種目以外のスポーツを経験しています。

そして同じく6割が子どものころに毎日2時間以上あそんでいました。幼少年期から一つのスポーツだけに特化することは、トップアスリートの立場で優秀な成績をあげることに結びつくわけではないということです。

ミズノと関係が深いトップアスリートのみなさんに、幼少期にどのように過ごしていたのかを聞いてみました（120ページ～）。

アスリートに子どものころのこと聞いてみました！

★元陸上競技選手　小林祐梨子さん

・2008年北京オリンピック日本代表選手
・3児の母

田園風景が広がるのどかな場所に生まれ育った私は、毎日外で友だちと走り回る幼少期を過ごしていました。あそびを通して自然と身につくコミュニケーション能力や脚筋力は、今の私にとってなくてはならないものです。そんな心と身体の健康がいま、求められている気がします。

★元競泳選手　寺川綾さん

・2012年ロンドンオリンピック
　400mメドレーリレー銅メダル獲得
・2013年バルセロナ世界水泳選手権
　50m、100m背泳ぎ銅メダル獲得
・2児の母

幼少期は水泳をはじめ、友だちとキックベースボールや一輪車であそび、冬休みには家族でスキーやスケートをして、スポーツを楽しんでいました。自分の子ども達にも、様々なスポーツに触れて、友だちと取り組む事の楽しさを経験してほしいと思っています。

★陸上競技選手　飯塚翔太さん

・2016年リオデジャネイロオリンピック
　4×100mリレーで銀メダル獲得

成功体験をたくさん経験する事で自信が付き、チャレンジしたくなってきます。

私も幼少期は複数スポーツに取り組んだおかげで、なんでもチャレンジしたり、成功するまで諦めなかったりできるようになりました。

★柔道家　谷本歩実さん

・2008年北京オリンピック 女子63kg級金メダル獲得
・2児の母

子どもの才能は十人十色、その溢れる才能に驚かされることがあります。私の幼少期、両親が運動あそびをさせるうえで意識していたことは、「いかに子どもを夢中にさせるか」だったそうです。物心つくころには、体を動かすことが大好きな子に成長。夢中になった“あそび”は、いつしか“スポーツ”に変わり、“オリンピック”へとつながっていきました。そんな私も今では母となり、子育てに奮闘する日々。我が子にも体を動かす楽しさを感じてもらいたいと、ミズノの体験会に参加。するとそこには、目を輝かせ、夢中になってのめりこむ姿がありました。誇らしげな我が子の表情に「夢中になれるスポーツっていいな！」と幼い日の自分が重なりました。

45分の体育の授業中、何分動いていると思いますか？

「子どもは学校で体育の授業を受けているから、運動量は足りている」という印象がありますが、はたして本当でしょうか？

小学校の体育授業が子どもたちの身体活動量にどれだけ影響しているかを調べた研究があります。小学4〜6年生の男子児童・女子児童の「体育授業のある平日」および「体育授業のない平日」における身体活動量を7日間測定するというもので、通常の歩数のほかに「エクササイズ歩行」（健康づくりに効果的であるとされる毎時4㎞以上の速さの歩行）を測定できる歩数計を児童らにつけてもらい、調査が行われました。

その結果、体育授業のある日とない日の1日の「平均歩数」には有意な差が認められました。体育のない日の1日の平均歩数が11565歩であったのに対し、体育のある日の1日の平均歩数は13558歩。また、1日の「平均エクササイズ歩行時間」

体育がある日と体育がない日、こんなに歩数が違う（学年別）

		1日の平均歩数(歩)		1日の平均エクササイズ歩行時間(分)	
学年	体育授業内容	体育あり	体育なし	体育あり	体育なし
4年生	ソフトボール、持久走	14342.7	10894.3	30.9	14.6
5年生	ハードル走	11241.7	11361.2	17.1	19.1
6年生	持久走、サッカー、バスケット	14513.8	12122.9	34.6	25.0

出典：「表1　学年別の体育授業の内容、一日の平均歩数および平均エクササイズ歩行時間」（論文「小学生における体育授業および休み時間の外遊びへの参加が身体活動量に及ぼす影響」（2008）152ｐより）

は、体育のない日が19・9分であったのに対し、体育のある日は28・3分でした。

このように、**体育がある日とない日では、1日の身体活動量について、歩数で約2000歩、エクササイズ歩行時間で10分弱の違いがみられました。**子どもの身体活動量の確保の観点からは、体育授業の果たす役割は極めて大きいことがわかります。

ところが、体育の授業内容別に見てみると、ソフトボール、持久走、バスケットボール、サッカーなどを行った4年生と6年生は、体育のある日とない日で身体活動量の差が大きかったのですが、**ハードル走を行っていた5年生では、体育のある日とない日の差がほとん**

どみられなかったのです。

ハードル走などの場合、先生の見本を見たり、フォームをチェックしたりすることが多く、さらに大人数で一斉に行えるサッカーやバスケットボールと異なり、一人ひとりが取り組む時間が短いうえに、自分の順番が回ってくるまでの待ち時間が長いため、このような結果になった可能性があると考えられます。

ここでわかるのは、体育授業があるからといって必ずしも豊富な身体活動量が確保できるわけではなく、**授業の内容によっては子どもたちが充分に体を動かしていない**ということです。

次に、小学校の体育授業が活動的な時間となっているかを調べた別の研究を見てみましょう。小学1～6年生の男子児童・女子児童に「3次元加速度計」を装着してもらい、中高強度の身体活動、不活動、座位行動（座っている状態）に従事する時間を計測したところ、体育の授業時間中、中高強度活動に費やした時間の割合は27・3％、座位行動に費やした時間の割合は21・9％でした。小学校の授業時間がおおむね各45

分であることから導くと、**動いている時間は45分のうち約12分にすぎず、座っている時間は45分のうち約10分弱**です。つまり体育の授業時間中であるにもかかわらず、動いている時間と座っている時間の差があまりないということです。

最初に挙げた調査結果で、ハードル走を行った場合の身体活動量の低さについてお話ししましたが、この研究においても、器械運動系は陸上運動系およびボール運動系と比較して活動量が低く、座っている時間が長かったことがわかりました。体育授業時の中高強度活動は充分でなく、先生の説明を聞く時間や、自分の順番を待つ時間が、運動する時間を侵食しないような配慮が必要です。

以上の研究結果から、子どもたちは現在、体育の授業を受けても身体活動量が確保しにくい状況にあることがわかります。

学校の休み時間、放課後、土日祝日などに充分に体を動かし、子ども時代に習得すべき動作を行うことが必須といえるでしょう。

「36の基本動作」が、子どもたちの課題を解決していく

子どもたちの体力低下の現状について、いろいろな角度からお話ししてきました。体力の向上のためには、日々多様な動作を行って、全身をまんべんなく動かすことが求められます。ミズノが運営する運動あそびプログラムでは、山梨大学・中村和彦先生が発育発達学研究からまとめられた「幼少期にみにつけたい36の基本動作」をもとに推進し、子どもたちの心と体が、健やかに育まれることを願っています。

具体的には、第一に食事についてです。**運動あそびをすることで、お腹がすいてよく食べるようになります。**活発に動いてエネルギーを使うことでしっかり食事がとれ、食べることが楽しみになります。第二に睡眠について。活発に動いてたくさんエネルギーを使うと、**体が疲れるのでよく寝るようになり、次の日にまた元気に体を動かしてあそぶことができます。**夜ふかしは、早起きして午前中から元気に過ごすという生

活リズムを崩すだけでなく「メラトニン」という大切なホルモンの分泌に影響したり、睡眠時間が短くなったり、運動不足を招いて生活習慣病にかかるリスクが高くなるなど、子どもの成長・発達に悪影響ばかり。

第三に排泄。よく体を動かしてよく眠り、朝食をしっかりとることで、**排便が促されてすっきりと一日の生活を始めることができます。**

そして第四に心の成長です。**発散したり、達成感を得たり、友だちができたりして、気持ちが安定する効果が生まれ、好奇心を持って新しいことに挑戦し、他人を思いやる余裕が持てる**など、いきいきと過ごすことができます。友だちや兄弟、親子で一緒に行うことによってスキンシップをはかり、コミュニケーション能力を育成できるメリットもあります。

運動あそびは生活リズムの一環であると同時に、体や心の調子をつかさどる意義を持っています。おもしろくのめり込みながら存分に体を動かしてあそぶことが、子どもたちの心身両面の発達を促し、課題を解決していくことを実感していただけたらと願います。

動きは組み合わせ

人間の動きは、組み合わせで成り立っているものが多くあります。スポーツの場面でいうと、バスケットボールのドリブルは「はしる」＋「ボールをつく」という動きの組み合わせであり、走り幅跳びは「はしる」＋「とぶ」という動きの組み合わせです。日常生活の動作では、**雨が降ってきたとき歩きながら傘をさす、歩きながら自動改札機に交通系ＩＣカードを当てる、と２つ以上の動きの組み合わせ**が見られます。

動きの組み合わせが可能になるのは５〜６歳ごろです。このころまでに「動きの多様化」といって、さまざまな動きのレパートリーを増やし、動きのバリエーションを拡大できていて初めて、体得した動きを組み合わせ、より高度で複雑な動作を行うことが可能になります。逆にいえば、**多くの動きを経験し、集積することができなければ、思いどおりに動くことはできない**ということです。

動きの洗練化

基本的な体の動きを習得するには２つの方向性があります。一つめは「動きの多様化」で、２つめは「動きの洗練化」です。これは**一つひとつの基本的な動きをくり返して経験することにより、むだな動作や過剰な動作が少なくなって、動き方が上手になること**を指します。中村和彦先生らが作成した、運動あそびで出現する７種類の基本動作の習得状況と発達の度合いを評価する指標（動作発達得点）によると、１９８５年と２００７年に園児を対象とした調査では、年少・年中・年長すべてにおいて、１９８５年の園児のほうが２００７年の園児より動作発達得点が高く、２００７年の「年長児」の基本動作の習得状況は、１９８５年の「年少児」と同じでした。

現代の子どもたちは動きの質的獲得、すなわち「動きの洗練化」が充分でなく、子どもが体を動かすことの楽しさを感じられる環境づくりが必須であるといえます。

子どもは真似することで成長する

何かに取り組んでいる子どもがもっとも歓びを感じ、「もっとやってみたい」と意欲を持つのは、「できた！」という達成感を味わったときです。そして「こうしなさい」といわれてできたときよりも、**自分なりにやり方を工夫して満足のいく結果を出せたときに大きな歓びを感じるもの**です。

ボールを投げるときには腕を引きなさい、もっと体をひねりなさい、などと指導されると、とたんに子どもはつまらなくなってしまいます。子どものスポーツクラブでは、地域大会での上位入賞、あるいは全国大会出場をめざすといった目標から、技術指導が主な目的となることが多く「それじゃダメだ、こうしなさい」とコーチ、監督が厳しく指導することもあります。しかし技能が伸びていくときは、仮にある時点で下手だったとしてもその前の時点よりはできるようになっているはずです。

大人は一から十までを教えるよりも、できたことを認めてあげることが大切ではないでしょうか？

また、子どもたちは身近な友だちなどが行う、心を惹きつけられる動きやあそびの真似をすることがおもしろく、それを楽しみながらくり返すことによって、自然とさまざまな体の動きを体得していきます。**「かっこいい！」「自分もできるようになりたい！」と、真似してみたい気持ちのままにその動作をやってみることが、体の動きの習得にはとても大事**なのです。

「○○くんの真似っこをしてみたらボールを遠くに投げられた！」

「○○ちゃんの走り方を真似して腕をいっぱい振ったら速く走れた！」

というように、「真似っこしたらできた！」「工夫するのって楽しい！」と感じることが、子どもが楽しく能力を伸ばしていくための大きなモチベーションになります。

大人は、手取り足取り教える必要はありません。それよりも子どもが何をしようとしているか、どんな気持ちでいるのかをよく観察し、できたときに、「すごい！　遠くまでボールを投げられたね！」と具体的にほめてあげることのほうが、大事です。

子どものころのあそびには「持ち越し効果」がある

「子どもの運動能力を高めるためには特定のスポーツをさせるよりも、体を動かすことの気持ちよさや運動のおもしろさにのめり込むことで、結果として運動能力が伸びることが望ましいと思います」

これは発育発達学の専門家、中村和彦先生の言葉です。

運動を心からおもしろいと思える経験を積むと、子ども時代の健康が増進するだけでなく、大人になってからの運動やスポーツといった身体活動習慣に大きく影響することがわかっています。楽しい運動経験を持つ子どもは、それがモチベーションとなって、成長して大人になっても運動を好むようになるのです。これを「持ち越し効果」とよびます。

大人になってからの運動とは、競技スポーツやジム通いのみを指すのではありません。運動に関心を持ち、体を動かしてみようという気持ちになって実行することであり、行う運動は、近所の公園などで行うウォーキングでも、ジョギングでも、散歩でもいいし、会社帰りにひと駅手前で電車を降りて自宅まで歩く、ということでもいいのです。**持ち越し効果によって「運動しようとする力」「運動し続ける力」が身についていると、生涯を通じて健康でいられる可能性が高くなります。**

それでは、「持ち越し効果」が得られる子ども時代の運動体験にはどんな要素が必要でしょうか。それは、**「おもしろく」「心地よく」「自ら」の3つ**で、これらをすべて含むのが「あそび」です。

これを受け、最近では、学校教育でも子どもたちが楽しく取り組める「あそび」を基盤とした学習のしくみづくりが進められています。

たとえば体育の授業では学習指導要領によって、水泳は「水あそび」、体づくりの運動は「体づくりの運動あそび」とされるなど、小学校低学年の子どもたちのすべての活動に「あそび」というキーワードが付け加えられています。

子どもたちが「おもしろく」「心地よく」「自ら」という3要素を含む体験をするには、発達段階に応じた運動あそびを行うことも大切です。

0〜2歳ごろの「生まれつきできる運動」である、すわる、あるくという基礎的な動きから始まり、3〜5歳ごろには、はしる、とぶ、なげるなど「いろいろな運動ができる」ことが楽しくなり、11歳ごろになると、いわれたことや状況を理解して行うスポーツに取り組むことに意欲が出てきます。

子どもたちがその成長段階に合致した運動あそびに出会うことは、持ち越し効果を得るための〝はじめの一歩〟といえるのです。

東京都福祉保健局では、健康づくりの観点において、18歳から64歳までの人の運動量の目安を、**「息がはずみ、汗をかく程度の運動を週合計60分、毎週続けること」**としています。「合計60分」とあるとおり、一度に60分行ってもいいし、何回かに分けて運動し、1週間のトータルが60分でもかまいません。

たとえば、1回20分程度の運動を週3回行ったり、1回30分程度の運動を週2回行ったり、あるいは平日に時間が取れない場合は、週末に1回60分の運動を行ってもよく、運動効果が得られるとしています。

近年の傾向としては、40代までの世代よりも、50~60代のほうが運動習慣をもつ人が多いことがわかっています。職業の有無も関係しますが、その理由は、**上の年代の人のほうが子ども時代に体を動かしてあそんでいた**ことにあります。運動するとおもしろい、心地よい、という感覚が身についているので、自ら体を動かそうという気持ちになり、実際に運動を行っているということです。

子どものころ、運動あそびに楽しくのめり込むことが、その後の人生における活動的で健康的なライフスタイルの実現につながっていく——子どもたちが存分に体を動かすことには非常に大きな意味があると、おわかりいただけるのではないでしょうか。

中村和彦先生とミズノが合致する想い

ミズノは、運動やスポーツは、それを行う人が主体とならなければいけないと考えています。野球少年団やスポーツクラブなどで懸念されるのは、子どもたちが大人からの発信、指導によって行動を決定づけられることです。コーチのいうとおりに動かなければ、あるいは動くことができなければ、怒られたりレギュラーにしてもらえなかったりと、ある意味で排除されてしまうのです。

規律を守って大人の指示に従うことに重きを置きすぎると、子ども自身の存在意義まで排除することになります。私たちが運営している運動あそびプログラムでも、ときには「やりたくない」といったり、来たときから不機嫌だったりする子がいる日もあります。競技スポーツの指導者の中には、檄を飛ばす人がいるかもしれませんが、ミズノプレイリーダーはそうしません。

「じゃあ、そこで座って見ておく？」と声をかける、危険なことがないように目を配りながら自由にさせる、といったように、子どもの自主性を尊重します。そのうち、**さっきまで不機嫌だった子が、みんなが楽しく運動あそびをしている場に入りたくなって自分の意思で体を動かし始める**ということがよくあります。

「やらされる」経験をいくら重ねても鍛錬にはなりませんし、身につきません。主体は子どもたちであり、子どもが自分で考えて行動をすることがいちばん自然です。大事なのは子どもへの指示、命令、注意ではなく、意のままに動ける環境を大人がつくることです。これらは、ミズノの運動あそびプログラム構成など、あらゆる面で学術的なサポートをしてくださった、監修の山梨大学学長・中村和彦先生が根幹とされている理念であり、ミズノとの共通認識です。

運動あそびを通して、子どもたちに伝えたいことがたくさんあります。体を動かすことのおもしろさ、大切さはもちろん、**仲間とコミュニケーションをとり、協力して成し遂げることの素晴らしさ**を、子どもたちにより理解してもらうにはどう伝えるとよいかを常に熟考しながら進めています。その際、主軸にしている考え方をご紹介しましょう。

教師や指導者、プレイリーダーなど、子どもたちに大事なことを伝える役割を担う人に必要な力量とは何でしょうか。その力量があるか、ないかを考察すると以下の3つに大別されます。

①伝える内容に価値があるか／価値がないか
②伝えるとき熱心か／熱心でないか
③伝え方が上手か／下手か

さらに、これら3つを組み合わせてみましょう。伝え方には8通りあることがわかります。

〈伝え方1〉価値のある内容を熱心に上手に伝える

〈伝え方2〉価値のある内容を熱心に伝えるが、伝え方が下手
〈伝え方3〉価値のある内容を熱心にではなく上手に伝える
〈伝え方4〉価値のある内容を熱心にではなく伝え、伝え方が下手
〈伝え方5〉価値のない内容を熱心に上手に伝える
〈伝え方6〉価値のない内容を熱心に伝えるが、伝え方が下手
〈伝え方7〉価値のない内容を熱心にではなく上手に伝える
〈伝え方8〉価値のない内容を熱心にではなく伝え、伝え方が下手

同じような文言が並んでいますが、それぞれの意味するところはまったく異なります。では、この中で最も悪い伝え方はどれだと思いますか?

答えは〈伝え方5〉の、「価値のない内容を熱心に上手に伝える」です。

内容に価値がなくても、大人が熱意を持って言葉巧みに話すと、子どもたちに浸透してしまいます。それではまったく意味がないばかりか、子どもにとっては害悪ともなるでしょう。

伝える側は、内容の価値より、うまく説明することに気持ちが向きがちですが、伝える内容の価値をしっかり理解し、納得したうえで、どうしても子どもたちに伝えるんだという熱心さを持って、わかりやすく上手に伝えることが大事です。

中村先生にご教授いただいたこの考え方は、子どもたちを見つめ、日々、真剣に向き合っているミズノプレイリーダーの指針となっています。

伝えたあと、子どもたちにいい変化が出てきたら評価してあげることも重要です。

ここがこういうふうに変わったよね、と言葉にして認めてあげると、本人にとって大きな自信になります。その変化が子ども自身で意図して発生したものだったとしたら、なおのこと自己肯定につながります。

変化に気づいてもらえるのは、相手が自分を見ていてくれた証しでもあります。そのうれしさから信頼関係が生まれ、ほかの人にも同じようにしてあげたいという気持ちも芽生えます。子どもたちの間でその思いが伝わり、いい循環が続いていくのです。

第4章

子どもと一緒に
こんなあそびをやってみよう！

家で、親子で、「運動あそび」をしてみよう

お子さんは、日ごろからボールやラケットを使った運動、あるいは、押したり引いたりといった動作を経験していますか？

友達と外で体を動かしてあそぶ機会が減ったことで「用具を使ったあそび」や、「おす」、「ひく」、「つかむ」、「たおす」といった「力試しのあそび」の経験が、いまの子どもたちにはとても少なくなっています。

バラエティ豊かにあそべる安全な用具を使い、みんなで行う運動あそびがあれば、子どもたちの動きの数も種類も多くなり、体力向上につながる――こうした思いのもとに、ミズノの運動あそびプログラム「ヘキサスロン」は生まれました。

ヘキサスロンはカラフルで楽しいデザインの5つの用具を使い、楽しくあそびながら、「はしる」、「とぶ」、「なげる」など運動能力の発達に必要な基本動作を身につけら

れるよう開発されています。ＭＩＳＰＯ！でもヘキサスロンの用具を使って、毎回おもしろい運動あそびを展開しています。

第４章では、年中長児から小学校低学年のお子さんに向け、**特別な用具を購入しなくても「用具を操作する動き」「力試しの動き」が体験できる運動メニューを中心に、おうちでできる運動あそびをご紹介**します。

体を移動したり、体のバランスをとったりする動きも入っています。ごく簡単なものからスタートし、すこし難度の高いものへと移行していきます。

使うのはタオルやざる、新聞紙、風船といった、身近にあるものばかりです。お父さんやお母さん、兄弟姉妹、お友だちなどと一緒に運動あそびをしてみてください。

きっとにぎやかな歓声が上がることでしょう。

親子で
やってみよう
01

平衡系

タオルわたり

難易度 ★☆☆

用意するもの

スポーツタオル３枚かバスタオル２枚、
輪ゴム２〜３本

おもな動き

あるく　わたる

Ｓ字カーブまで
挑戦してみよう！

①

タオルの端と端を輪ゴムでとめ、長い１本の状態にします。

②

それを床に置いて、タオルの上を歩いて移動します。

③

いっぽん橋をわたるように体のバランスをとって、タオルからはみ出ないようにわたりましょう。

④

タオルをまっすぐな状態になるように置くと、簡単にわたることができ、S字カーブなど曲線状に置くと、すこし難しくなります。

親子で
やってみよう
02

移動系

タオルラダー

難易度★☆☆

用意するもの

スポーツタオル３枚かバスタオル２枚、
輪ゴム２～３本

おもな動き

はねる　とぶ

まーえ！
うしろ！

1

タオルの端と端を輪ゴムでとめて、長い１本の状態にします。それをまっすぐな状態で床に置きます。タオルの端の手前側に立ち、まず、「まーえ！」と声を出しながらタオルをとび越え、ななめ向こう側に行きます。

2

次に、「うしろ！」と声を出しながら、顔は前を向いたまま、逆ななめ後ろ側にとび越えます。

3

これをくり返して「まーえ！うしろ！」と声を出しながらとんで、タオルの端まで移動します。

4

前後交互に両足ジャンプでタオルをとび越えて移動してもいいですし、慣れてきたら、足を交互に動かして、ステップを踏むように前後交互に移動すると、難度がアップします。

移動系

リズムステップ 1

難易度 ★★☆

用意するもの

スポーツタオル３枚かバスタオル２枚、
輪ゴム２～３本

おもな動き

はねる　とぶ

ケンケン！
ケンケン！

1

タオルの端と端を輪ゴムでとめて、長い１本の状態にします。それをまっすぐな状態で床に置き、タオルの端に立ちます。

2

片足ケンケンの動作です。タオルをまたぐようにして、左足で２回ケンケン。

3

次に右足で２回ケンケン、というように、タオルを踏まないよう左右交互にとびながら端まで移動します。

4

リズムよく前に移動することを意識しましょう。

親子で
やってみよう
04

移動系

リズムステップ2

難易度★★☆

用意するもの

スポーツタオル３枚かバスタオル２枚、
輪ゴム２〜３本

おもな動き

はねる　とぶ

慣れてきたら、
いろいろなステップを
試してみて

タオルの端と端を輪ゴムでとめて、長い１本の状態にします。それをまっすぐな状態で床に置き、タオルの端に立ちます。

タオルをまたぐかたちで、足を交差させながらジャンプし、前に進んでいきます。タオルを踏まないようにしましょう。

足をクロスさせてジャンプし、前に進みます。

テンポよく、ジャンプと着地をくり返して進みます。

親子で
やってみよう
05

移動系

木のぼり

難易度★★★

用意するもの

なし

おもな動き

のぼる　つかむ

大人が木のように踏ん張って、子どもが大人の体をのぼったりおりたりするあそびです。

①

大人は足を肩幅より大きめに開いて、膝を曲げて腰を落とします。外またの状態でどっしりと立って、両腕を水平に伸ばしましょう。

②

子どもは大人の片方の足の後ろ側に立ちます。大人の胴体や腕などをつかみながら、まず太ももの上にのぼってみましょう。

③

次に、落ちないように手と足の力をしっかり使って、そのまま背中側にまわり、もう片方の太ももまで移動したら、床にピョンととびおります。

④

慣れてきたら大人が体を左右にゆっくりと動かして、それをのぼりおりするように発展させると、難度がアップしていきます。

親子で
やってみよう
06

操作系

ひらひらキャッチ

難易度 ★☆☆

用意するもの

フェイスタオルかＴシャツ

おもな動き

なげる　とる

体のいろいろな部位を
使ってみましょう。

フェイスタオルかＴシャツを自分で上に投げ、キャッチします。まず、両手でキャッチ、そして片手でキャッチしてみましょう。

次に、頭や背中でもキャッチしてみます。

片方の太ももを上げてキャッチしたり、片足を上げて足の甲でキャッチしたりします。

大人に投げてもらってキャッチしてもＯＫです。

親子で
やってみよう
07

操作系

風船ファミリア1

難易度 ★☆☆

用意するもの

風船
（１００円ショップなどで買えます）

おもな動き

うつ　たつ　おきる　はう

〈ポイント〉
①風船が不規則な動きをしながら落ちてくるので、ものと自分の位置や距離を把握する力がつきます。②動いている風船に、しゃがんだり立ち上がったりしながらタッチするので、体のバランスを維持する力がつきます。

手のひらでポンポンと、風船を落とさないようにタッチします。

次に手の甲でタッチ、慣れてきたら手のひらと手の甲を交互に使ってタッチしてみましょう。

次に姿勢を変えながらのタッチに挑戦です。風船をポンポンとタッチしながら、だんだんしゃがんでいきましょう。

次に、しゃがんだ姿勢から立ち上がりながらタッチします。

親子でやってみよう 08

操作系

風船ファミリア2

難易度 ★★☆

用意するもの

風船、スーパーなどのレジ袋

おもな動き

うつ　たつ　おきる　はう

風船を袋に入れると
重さが加わって
滞空時間が短くなり、
操作が難しくなります。

①

風船をレジ袋に入れて、持ち手の部分をしばったものを使います。「風船ファミリア１」と同様に、最初は手のひらでポンポンとタッチします。

②

次に手の甲でタッチし、慣れたら手のひらと手の甲を交互に使ってタッチします。それができるようになったら、しゃがんだり立ったり、姿勢を変えながらタッチしましょう。

③

不規則な動きをしながら落ちてくる風船に反応しなければならないので、ものと自分の位置や距離を把握する力がつきます。

④

しゃがんだり立ち上がったりしながら風船をタッチすることで、体のバランスを維持する力がつきます。

親子で
やってみよう
09

操作系

風船ファミリア 3

難易度 ★★☆

用意するもの

風船２個

おもな動き

うつ　たつ　はう　はねる　とぶ

〈ポイント〉

①２個の風船がそれぞれ不規則な動きをしながら落ちてくるので、ものと自分の位置や距離を把握する力がつきます。②常に２個の風船の動きを見て動作をしなければならないので、とっさの刺激に対して素早く反応する力がつきます。

風船２個を交互にタッチしながら落とさないようにします。両方の風船に気を配って動くのは難しいですが、自分との距離や位置関係を把握する経験は、人混みなどでぶつからないように歩く感覚を養うことにもつながります。

親子で
やってみよう
10

操作系

風船ファミリア3難

難易度 ★★★★★

用意するもの

風船２個

おもな動き

うつ　なげる　たつ　はねる
はう　とぶ

風船同士の距離を離すため、
「風船ファミリア３」よりも
さらに難度がアップします。

風船を２個使って、落とさないよう、手のひらで交互にタッチします。

そのとき、わざと２個の風船の距離が離れるようにタッチしましょう。

離れた位置でバラバラに動く２個の風船を追い、落とさないようにタッチをくり返すのはとても難しいものです。

移動中に体のバランスを維持し、姿勢が崩れたらすぐに修正する力、動作の切り替えをすばやく正確に行う力がつきます。

親子で
やってみよう
11

操作系

風船ざるキャッチ

難易度 ★★☆

用意するもの

風船、ざる
（１００円ショップなどで買えます）

おもな動き

なげる　とる

〈ポイント〉
風船と自分の位置や距離を見極めることに加えて、ざるを操作する必要があるため、手足をうまく使い、用具を正確に操作する力がつきます。

ざるを片手に持ち、もう片方の手で風船を上に投げます。

落ちてきた風船をざるでキャッチします。

風船は不規則な動き方をするので、ざるをどこに差し出せばキャッチできるか、コツをつかみましょう。

親子でやってみよう 12

操作系

新聞紙ざるキャッチ 1

難易度 ★★☆

用意するもの

新聞、ざる

おもな動き

なげる　とる　たつ　おきる　はう

〈ポイント〉

①風船よりも新聞紙ボールの滞空時間のほうが短いため、難度がアップします。
②新聞紙ボールと自分の位置や距離の把握に加えて、ざるを操作する必要があるので、手足をうまく使ったり、用具を正確に操作したりする力がつきます。

まず新聞紙１枚を床に敷き、片手をその真ん中に置きます。５本の指を大きく広げて新聞紙をクシャクシャと中心にかき集めます。

だいたい丸めたら、両手でおにぎりを握るようにできるだけ小さなボール状にします。手を使う動作のいい練習になります。

新聞紙ボールができたら、自分で上に投げ、すばやくざるでキャッチしましょう。

ざるを両手で頭の上に持っていってキャッチしたり、頭の上にざるを掲げたまま、しゃがんでキャッチしたりと、いろいろな体勢で試してみてください。

操作系

新聞紙ざるキャッチ 2

難易度 ★★☆

用意するもの

新聞、ざる

おもな動き

なげる　とる　たつ
おきる　はう　まわる

〈ポイント〉
①大人は、子どもがギリギリとれるかとれないかのところに新聞紙ボールを投げてください。②新聞紙ボールを投げてもらったら、キャッチするためにすばやく反応して動く必要があるので、合図や刺激に対して即座に動く力がつきます。

新聞紙１枚をできるだけ小さく丸めてボール状にします。お父さん、お母さんはお子さんに新聞紙ボールを投げてあげて、お子さんはそれをすばやくざるでキャッチします。

片手でざるを持ってキャッチします。

ざるを頭の上に持っていってキャッチしたり、しゃがんでキャッチしたり、いろいろな体勢で試してみましょう。

親子で
やってみよう
14

操作系

虫取り網キャッチ

難易度 ★★★

用意するもの

新聞紙、虫取り網
（１００円ショップなどで買えます）

おもな動き

とる　たつ

ちょっと
難しくなるよ！

1

新聞紙１枚をできるだけ小さく丸めてボール状にします。お父さんやお母さんはお子さんに新聞紙ボールを投げてあげて、お子さんはそれをすばやく虫取り網でキャッチします。

2

虫取り網には長い柄がついているので、ざるを使用する「ざるキャッチ」よりも操作が難しくなりますが、テニスやバドミントンのラケットの操作にも共通する動きを体験できます。

3

動いているものと自分の位置や距離を正確に把握する力、手足をうまく使い、用具を正確に操作する力がつきます。

親子でやってみよう
15

操作系

段ボール積み木

難易度 ★☆☆

用意するもの

段ボール箱２～３個、
ガムテープ

おもな動き

ささえる　はこぶ　つむ

段ボール箱は、
通販で購入した商品が
入っていたものなどで
ＯＫです。

段ボール箱の開け口はガムテープを貼って閉じましょう。

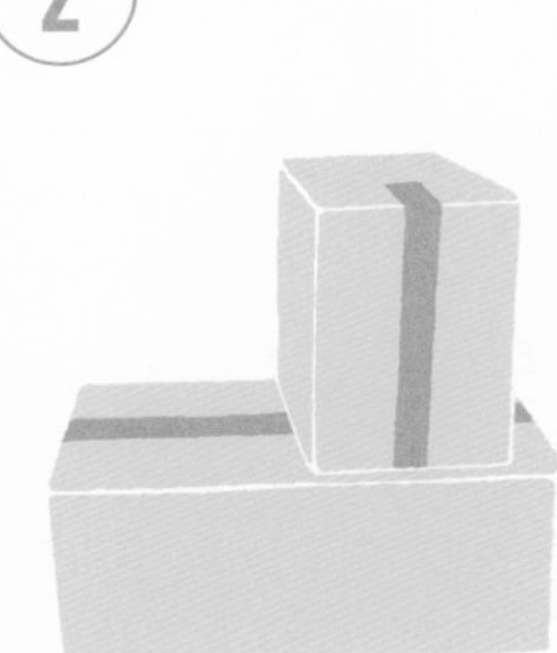

２～３個を箱の形に整えたら、積み木のように積み重ねていきます。

このとき、どこに積むかを決めて、お子さんがその場所まで段ボール箱を運んで積むようにしましょう。運ぶことも動きの経験になるからです。

親子で
やってみよう
16

操作系

段ボール積み木〜めちゃ投げ

難易度 ★☆☆

用意するもの

段ボール箱２〜３個、
ガムテープ、新聞紙

おもな動き

つむ　なげる　あてる

〈ポイント〉

①新聞紙ボールの持ち方、腕の振り方など、投げ方をお子さんに教えないようにしましょう。くり返し行うことで、子どもは動作を身につけます。②段ボール箱と自分の位置や距離を把握する力、関節や筋肉をタイミングよくスムーズに動かす力、手足や用具を正確に操作する力がつきます。

段ボール２～３個は開け口をガムテープで閉じ、お子さんが積み重ねます。

次に新聞紙１枚を小さく丸めてボール状にします。いくつかつくってもOKです。

準備ができたら、新聞紙ボールを思いっきり投げて、積み重ねた段ボール箱にぶつけ、箱を落とします。段ボール箱が落とせるようになってきたら、何秒で落とせるかを親子で競うと盛り上がります。

親子で
やってみよう
17

操作系

360度めちゃ投げアタックゲーム

難易度★☆☆

用意するもの

段ボール箱2～3個、
ガムテープ、新聞紙

おもな動き

つむ　なげる　あてる

〈ポイント〉
①新聞紙ボールの持ち方、腕の振り方など、投げ方をお子さんに教えないようにしましょう。くり返し行うことで子どもは動作を身につけます。
②段ボール箱と自分の位置や距離を把握する力、関節や筋肉をタイミングよくスムーズに動かす力、手足や用具を正確に操作する力がつきます。

準備ができたら、お子さんは新聞紙ボールを思いっきり投げて、積み重ねた段ボール箱にぶつけ、箱を落としましょう。このとき、お父さん、お母さんは箱を落とされないよう、箱を守りましょう。段ボール箱が落とせるようになってきたら、何秒で落とせるかを親子で競うと盛り上がります。

親子で
やってみよう
18

操作系・力試し

タオル引き

難易度★☆☆

用意するもの

バスタオルかスポーツタオル

おもな動き

ひく　たつ　はう

相手の力が
すこしゆるんだと思ったら
強く引っ張るなど、
かけ引きの要素もあります。

２人で行います。バスタオルかスポーツタオルの両端をそれぞれが持ち、綱引きの要領で引っ張り合いましょう。

足を伸ばして座ったり、体育座りをしながら引っ張り合います。

しゃがむ、両足で立つ、などいろいろな体勢で行ってみてください。体勢は２人とも同じにします。

片足立ちの状態で引っ張り合うと、かなり不安定になり、難度がアップしていきます。関節や筋肉をタイミングよくスムーズに動かす力、動くタイミングを上手につかむ力がつきます。

操作系・力試し

うつ伏せ返し

難易度★★★

用意するもの

なし

おもな動き

つかむ　おさえる　ひく　おす

〈ポイント〉

①関節や筋肉をタイミングよくスムーズに動かす力がつきます。②うつ伏せの体勢だと、体のどこに力が入れやすく、どこに力が入れにくいかという感覚を知ることで、体を思いどおりに動かす力がつきます。

大人は、床にうつ伏せになります。

お子さんは、うつ伏せ状態の大人を全身の力を使ってひっくり返し、あおむけ状態にします。

このとき、大人はひっくり返されないように踏ん張ってください。

お子さんと交替しながら行ってみましょう。

操作系・力試し

あお向け返し

難易度★★★

用意するもの

なし

おもな動き

つかむ　おさえる　ひく　おす

〈ポイント〉
①関節や筋肉をタイミングよくスムーズに動かす力がつきます。②あお向けの体勢だと、体のどこに力が入れやすく、どこに力が入れにくいかという感覚を知ることで、体を思いどおりに動かす力がつきます。

1

大人は、床にあお向けになります。

2

お子さんは、あお向け状態の大人を全身の力を使ってひっくり返し、うつ伏せ状態にします。

3

180ページの「うつ伏せ返し」とくらべて、どちらがひっくり返されやすいか話し合い、ひっくり返されないためにはどうしたらいいか作戦を練ってみるのもおすすめです。大人はひっくり返されないように踏ん張ってください。お子さんと交替しながら行ってみましょう。

「チャレンジ・バイ・チョイス」

「チャレンジ・バイ・チョイス」とは、何にどうチャレンジするかを自分で選んで決められる状態を指します。上達することや勝ち負けだけに大人が注視すると、「とにかくがんばれ！　ガムシャラにやれば絶対にできる！」などと子どもをあおってしまいがちですが、その子によって興味もやりたいことも違いますから、いい結果を出すどころか、子どもの心身の重荷が増えることになってしまいます。

子どもの身体能力は、実際に体験し、いいやり方を自分で見つけ、楽しく取り組めなければ向上しません。ミズノプレイリーダーはいったん見本を見せたら、トライする子どもたちを見守ります。結果ではなく、そこに至るプロセスを大事にしています。できた子にもできなかった子にもいいところを見つけてほめ、うまくいかなかったときのフォローを運動の面でも心の面でもこまやかに行っています。大人がレールを引くのではなく、子ども自身で決めて行動する実感をもたせることは、お子さんが将来自分の力で生きていくためにも、とても重要です。

column

大きく広がる「幼少期にみにつけたい36の基本動作」

「36の基本動作」は、ミズノの運動遊びプログラム以外にも活用されています。青少年教育に関する研修や施設運営等を行う国立教育振興機構が全国に設置する「青少年自然の家」「青少年交流の家」では「36の基本動作」をもとに、各施設が有する海や山、川や野原などの自然環境を活かした運動あそびプログラムを提供し、訪れた子どもたちが楽しく体験しながら体力増進をはかっています。

また、子どもの発育発達学に基づき「36の基本動作」をまとめ、推奨されている山梨大学学長・中村和彦先生ら学識経験者や医師のみなさんが、2011年３月に発生した東日本大震災に伴う福島第一原発事故により屋外での活動時間を制限された福島県郡山市の子どもたちの体力と健康増進のため、「郡山市震災後子どものケアプロジェクト」を設立し、室内運動あそび施設の運営や心のケアに取り組んでいます。

すべての子どもたちが楽しんで体を動かし、健やかに成長するための環境を整えることは、いまを生きる私たち大人の責務ではないでしょうか。

「ミズノプレイリーダーライセンス」に挑戦してみませんか？

プレイリーダーとは、子どもがあそびの場でイキイキとあそべるような環境をつくる人です。ミズノでは理論と実技演習の両面で育成プログラムを開発し、プレイリーダーとしてのスキルを判定するオリジナルの等級制度、「ミズノプレイリーダーライセンス」を設けています。１級、２級、３級の３等級があり、実技や基礎知識を広く学べるようにカリキュラムが設計されています。

プレイリーダー3級は、社外の方も受講できる研究プログラムです。子どもと関わる機会が多い幼稚園や保育園の先生、スポーツ教室や幼児教室を運営されている方、子どもに関わる業界を目指す学生などが対象となります。仕事や夢に活かせるスキルとして、子どもたちとの関わりに実用・実践力を求めている幅広い方々が対象です。

それぞれの級で設定するプレイリーダースキルは以下のとおりです。

【1級】

・子どもの発育段階に応じたあそび方が臨機応変にできる

・子どもの発育段階に応じたあそびのプログラムを考えられる

・子どもの発育段階に応じたあそび方に最適なあそび道具を用意できる

【2級】

・既存のあそびのプログラムやあそび道具をベースに、子どもの発育段階に応じたあそび方が安定してできる

【3級】

・子どもの発育段階に応じて準備した既存のあそびのプログラムやあそび道具を使ってあそぶことができる

育成カリキュラムの内容は各級で異なりますが、たとえば導入にあたるプレイリーダー3級では、プレイリーダーとしての基本知識を身につけるためのスキルを中心とした、1回完結型の研修を実施します。子ども（幼児）を対象とした運動あそびの基本的な内容が身につけられ、「ミズノプレイリーダー」の理念・役割・目的を理解し、用具の使い方、運動あそびの「場」の提供、子どもたちを見守ることができる知識が身につけられます。

3級の受講カリキュラムは、講義と演習の計6時間です。講義では、「子どもたちが抱えている問題」「育ちのリテラシー」「体力・運動能力調査より」「プレイリーダーとは?」など、子どもを取り巻く状況の把握や、子どもの育ちに関する課題とその解決方法、プレイリーダーとしてのあり方といった内容を学びます。

演習では、ミズノプレイリーダー1級と2級認定者による「プレイリーダー実技演習」を行い、あそびのコンテンツ、あそびの伝え方、あそびプログラムの解説などをレクチャーします。プレイリーダーがどのように子どもたちの運動あそびをサポートしているかを具体的に理解できるように設計されています。

子どもたちが信頼をよせ、大好きになるプレイリーダーとは、自分も運動あそびにワクワクし、本気であそぶことのできる人です。子どもが試行錯誤しているときはそのプロセスをきちんと見てあげ、言葉や行動などから発せられる気持ちを読み取り、受け止められる人でもあります。**プレイリーダーとしてのスキルを得ることは、人間力を培うことでもある**のです。

ミズノはたくさんの方々の挑戦をお待ちしています。

◆おわりに◆

「あそび」だから楽しく、でも、真剣に取り組んでいます

子どもたちは日々成長し、私たち大人にさまざまなかたちでその姿を見せてくれます。ミズノは子どもたちが元気にあそべる環境をつくるとともに、体力はもちろん、コミュニケーション能力や思考力も育むための取り組みを続けています。

その想いのもとに展開する運動あそびプログラムで、子どもたちの心身の成長をサポートするミズノプレイリーダーは、「楽しい！」を何度も、何倍も味わってもらうため、全力で子どもが発する言葉、子ども動作そして子どもの表情を観察しています。運動あそびにのめり込み、思いっきり体を動かして、「やってみたい！」「おもしろい！」「できた！」をたくさん経験することは、子どもたちにとって大きな意味を持つでしょう。夢中であそびながら動作のコツが身につき、仲間と話し合って協力するこ

とで心も豊かになっていきます。

子どもたちの体力低下が問題になっているいま求められているのは、充分に体を動かすことの心地よさや意義・価値を実感できる環境づくりです。ミズノは運動あそびプログラムの設計、実践によってその中心的な役割を担っていきたいと考えています。

幼少期の楽しい運動あそびは、生涯にわたり、生活の中に自然に運動を取り入れることにもつながっていきます。人生そのものの質を高めることができるのです。

最後に、運動プログラムに参加したお子さんのお母様からの声をご紹介します。

「プレイリーダーが子どもたちと接するのを見ていると、日ごろ自分が子どもに対してしてやりたいことや、しなければならないと思っているのにできていない対応ばかりです。とても参考になります。

わが子が毎回楽しく運動あそびをして、自信を持って帰ってくる姿をうれしく思い、感謝の思いでいっぱいです。学校にもこのような教育を取り入れていってほしいと思っています」

あそびだから楽しく、おもしろく。

あそびだからこそ真剣に向き合い、同じ場にいる全員がコミュニケーションを深めることで、さらにおもしろくのめり込む。

運動あそびはそんな魅力をもっています。

すべてのお子さんの健やかな育ちと体力・運動能力の向上のために、ミズノはこれからも伴走を続けていきます。

参考文献

【はじめに】
〈ボール投げの平均値〉
①文部科学省大臣官房総務課広報室“子どもの体力の推移について”文部科学省（Online）
https://www.mext.go.jp/kids/find/sports/mext_0002.html
②スポーツ庁.“令和3年度体力・運動能力調査結果の概要及び報告書について”，スポーツ庁（Online）
https://www.mext.go.jp/sports/b_menu/toukei/chousa04/tairyoku/kekka/k_detail/1421920_00005.htm
【第１章】
〈野球、サッカー、水泳…人気スポーツでも、動きには限界がある〉
真砂雄一（2018）.“幼児における基本的な動きの種類と出現頻度について”，小池学園研究紀要（16），99-106，小池学園
顔面にケガをする子どもたちが増えている
①独立行政法人日本スポーツ振興センター．“学校の管理下の災害-19-基本統計-”．概況，JAPAN SPORT COUNCIL．（Online）
https://www.jpnsport.go.jp/anzen/Portals/0/anzen/kenko/jyouhou/pdf/toukei/toukei19-3.pdf, P16
②独立行政法人日本スポーツ振興センター．“学校の管理下の災害［令和元年度版］”．第二編基本統計（負傷・疾病の概況と帳票），JAPAN SPORT COUNCIL．（Online）
https://www.jpnsport.go.jp/anzen/Portals/0/anzen/kenko/jyouhou/pdf/R1saigai/R1saigai06.pdf,P10
③スポーツ庁.“令和４年度全国体力・運動能力、運動習慣等調査の結果（概要）について運動に対する意識より”，スポーツ庁（Online）
https://www.mext.go.jp/sports/content/20221223-spt_sseisaku02-000026462_2.pdf
④笹倉慎吾、上向井千佳子（2020）『ミズノプレイリーダー　テキストブック』（非売品）
〈骨への衝撃が少ないと、骨は育たない〉
佐藤哲也，小池達也（1992）.“運動と骨”生活衛生（Seikatsu Eisei）36,239-245
〈幼少期にやっておくべき36の動き①体のバランスをとる動き〉
〈幼少期にやっておくべき36の動き②体を移動する動き〉
〈幼少期にやっておくべき36の動き③用具を操作する動き・力試しの動き〉
文部科学省.“幼児期運動指針ガイドブック（幼児期運動指針策定委員会）”文部科学省（Online）
https://www.mext.go.jp/a_menu/sports/undousisin/1319772.htm
表紙、9分の3
〈運動あそびと脳への影響〉
野井真吾（2019）."からだ，心，社会性，脳のバランスのとれた発達と身体活動",体力科学,68巻,1号,38
【第２章】
〈子どもを夢中にさせるプレイリーダーってどんな人？〉
スポーツ庁.“子供の運動習慣支援アップ支援事業　事業報告書（令和元年度）”　スポーツ庁（Online）
https://www.mext.go.jp/sports/b_menu/sports/mcatetop03/list/detail/1422794_00002.htm

【第３章】
〈これからの子どもたちにもってもらいたい「生きる力」＝「学力」「コミュニケーション能力」「体力」〉
文部科学省．“学習指導要領「生きる力」保護者用パンフレット（平成22年作成）”文部科学省（Online）
https://www.mext.go.jp/a_menu/shotou/new-cs/pamphlet/1297332.htm
〈なぜ子どもたちの体力が落ちてしまったのか〉
①仙田満『こどもを育む環境　蝕む環境』朝日新聞出版，2018，p10-p12，ISBN978-4-02-263070-4
②笹倉慎吾、上向井千佳子（2020）『ミズノプレイリーダー　テキストブック』（非売品）
〈日本の子どもたちの「体力」二極化と二局化〉
①文部科学省．“平成9年度体力・運動能力調査の結果 六”．体力・運動能力の年次推移（第16図〜第21図参照），文部科学省（Online）
https://www.kantei.go.jp/jp/kanpo-shiryo/981202/si120215.htm
②子どものからだと心白書編集委員会『子どものからだと心白書2006』ブックハウス・エイチディ，2006，p110-113
③文部科学省　スポーツ・青少年局生涯スポーツ課．“平成22年度全国体力・運動能力、運動習慣等調査結果・特徴　小学校”12.調査結果の特徴2, p2，文部科学省（Online）
https://www.mext.go.jp/a_menu/sports/kodomo/zencyo/1300266.htm
④中原雄太（2020）．“トップアスリートの多種目スポーツ経験の有効性”高知工科大学経済マネジメント学群（Online）
https://www.kochi-tech.ac.jp/search_results.html?cx=016610761874356642333%3Ad_bayssugew&ie=UTF-8&q=%E4%B8%AD%E5%8E%9F%E9%9B%84%E5%A4%AA&sa=%E8%A1%A8%E7%A4%BA
⑤榊原洋一（2022）．“CRN国際共同研究”子どもの生活に関するアジア8か国調査2021“結果報告”チャイルド・リサーチ・ネット　ベネッセ教育研究所内
〈45分の体育の授業中、何分動いていると思いますか？〉
①上地広昭、丹信介、森田俊介、木下勝統、竹中晃二（2008）.小学生における体育授業および休み時間の外遊びへの参加が身体活動量に及ぼす影響
掲載誌 研究論叢．第1部・第2部，人文科学・社会科学・自然科学 = Bulletin of the Faculty of Education, Yamaguchi University. Pt. 1, pt. 2 / 山口大学教育学部広報戦略部 編 58 2008 p.149〜153
https://petit.lib.yamaguchi-u.ac.jp/7401
②田中千晶，田中真紀，田中茂穂（2017）.小学校における体育授業は活動的な時間となっているか？日本体育学会大会予稿集 68 (0), 177_2-177_2, 2017 一般社団法人 日本体育学会
https://cir.nii.ac.jp/crid/1390282680788454272
〈子どものころのあそびには持越し効果がある〉
東京都保健政策部．“健康ステーション　習慣的に運動しよう”東京都保健医療局（Online）
https://www.hokeniryo.metro.tokyo.lg.jp/kensui/undou/undou.html

著者紹介　ミズノ株式会社
「ええもんつくんなはれや」は、ミズノの創業者、水野利八翁の言葉です。ミズノは、「水野兄弟商会」として水野利八と弟の利三が1906年に創業。1913年から野球グラブ、ボールの製造を開始し、同年、現在の夏の高校野球大会の土台となる関西学生連合野球大会の開催も始めました。以来、ミズノは「モノ」の製造、販売だけでなく、スポーツの体験すなわち「コト」の普及にも力を入れてきました。私たちは、子どもたちに体を動かす歓びを伝え、スポーツをする人を増やし、人生で大切なことをスポーツから学ぶようなそんな世界をつくりたいと強く考えています。

監修者紹介　中村和彦
国立大学法人 山梨大学 学長。文部科学省、スポーツ庁での各種委員、NHK「からだであそぼ」、「おかあさんといっしょ」、「ブンバ・ボーン」での番組監修のほか、「パプリカ」のダンス監修などを務める。2023年4月、学長に就任。

すべての未来(みらい)は あそびからはじまる。

2023年11月10日　第1刷

著　者　ミズノ株式会社(かぶしきがいしゃ)
監　修　中村(なかむら) 和彦(かずひこ)
編　集　株式会社 プライム涌光
発　行　青春出版社
　　　　プレミアム編集工房
　　　　東京都新宿区若松町12番1号　〒162-0056
　　　　代表　03(3203)5121
　　　　premium@seishun.co.jp
印　刷　三松堂株式会社
製　本　三松堂株式会社

ISBN978-4-413-08517-5 C0037

定価　本体1500円+税